AF219095

I

II

HEDY YOUSSEF
Trägerin der Silbernen Ehrennadel von Alzey

ABENTEUER IN ZWEI WELTEN

Das Leben voller Liebe und Glück

IMPRESSUM

© 2021 Hedy Youssef

Herstellung und Verlag: BoD – Books on Demand, Norderstedt

ISBN: 978-3-7534-36210

Ich widme dieses Buch voller Dankbarkeit und Liebe meinen Eltern sowie meinem Ehemann, der mich immer bestärkt hat und an mich glaubte.
Ebenso ein großes Lob und Dank an meine Tochter Nancy, die mich beim Verwirklichen meines Buches enorm unterstützt hat.

INHALTSVERZEICHNIS

1.Geburtsurkunde

Es war eine andere Welt und eine andere Zeit, als ich am 10. April 1944 in Heliopolis, einem Vorort von Kairo, geboren wurde. Viele Jahre später erst erkannte ich, welch besonderer Ort das war und wie wohlhabend und gebildet die Bürger dort waren. Schon meine Geburt war ganz besonders. Zu der damaligen Zeit war es üblich, dass die werdenden Mütter zu der Großmutter gingen, um dort ihr Kind zu bekommen.

Meine Oma Virginie Frühstück, eine gebürtige Österreicherin, wohnte zufällig glücklicherweise neben dem Arzt, der bei der Geburt helfen sollte. Sie stammte ursprünglich aus Wien, wo heute noch ein Teil der Familie Frühstück lebt. Meine Mutter, Isis Ayad, war somit ein Kind aus einer Mischehe.

Als meine Mutter also bei ihr ankam, veranlasste Oma Frühstück, dass der Arzt sofort kommen sollte. „Das dauert noch! Das Kind hat noch viel Zeit! Ich kann doch hier nicht die ganze Zeit warten!", schimpfte er und verließ daraufhin einfach die Wohnung. Meine Großmutter war aufgebracht und empört. Wenn es nach ihr gegangen wäre, hätte der Arzt stündlich vorbeischauen sollen. Und wie sich herausstellte, hatte sie nicht ganz unrecht.

Denn kaum war er gegangen, rief meine Mutter laut auf: „Das Kind kommt jetzt. Ich wusste es!" und da erblickte ich auch schon das Licht der Welt – nach nur zwei Wehen.

Meine Großmutter half bei der Geburt und bewahrte einen kühlen Kopf. Als sie sah, dass ich gesund war und atmete, schickte sie sofort den Hausmeister zu dem Arzt hinüber und schimpfte bei seiner Ankunft mächtig mit ihm. Er schaute sofort nach meiner Mutter und mir und besänftigte dann Oma Frühstück mit seinem Lob, dass sie sehr gute Arbeit geleistet hätte. Es ist wohl kein Wunder, dass ich von Geburt an zu ihr eine ganz enge, besondere Beziehung hatte. Obwohl meine Großmutter insgesamt 17 Enkel hatte, war ich immer ihr Liebling. Ich war ihre kleine Hedy und sie war meine geliebte Nonna. So wollte sie am liebsten genannt werden. Als Beweis, dass ich ihr größter Schatz war, lud sie mich auch später als einziges Enkelkind nach England zu sich ein. Aber davon will ich erst später berichten.

Da war ich nun, die kleine Hedy - ein kleiner, gesunder Sonnenschein. Ich war nun das dritte Kind. Meine dreijährige Schwester war während der Geburt bei einer meiner Tanten untergebracht. Mein älterer Bruder verstarb leider zuvor an Diphtherie mit nur eineinhalb Jahren.

White Sabry El Masry, mein Vater, sollte nach einer gewissen Zeit über meine Geburt informiert werden.

Als erfolgreicher Rechtsanwalt war er sehr beschäftigt. Unter anderem half er bei der Evakuierung etlicher Ausländer, die während des Krieges Kairo verlassen mussten.

Da er auf einem Internat der Jesuiten war, konnte er neben Arabisch auch Französisch fließend sprechen. So hatte er ein breites Klientenspektrum und immer viel mit den verschiedensten Nationalitäten zu arbeiten.

Meine Großmutter bestand darauf, dass mein Vater endlich kommen sollte, um nach mir zu sehen. Aber für White Sabry El Masry war ich im ersten Moment eine herbe Enttäuschung, denn ich war ja „nur wieder ein Mädchen".

10

Als er informiert wurde, dass das Baby da war, sagte er „Ah, sehr gut. Wenn ich einmal Zeit habe, dann komme ich mal nach dem Kind schauen."

Nachdem meine Eltern meinen Bruder verloren hatten, hatte mein Vater alle Hoffnung in mich gesetzt. Der Aufwand, extra mit der Straßenbahn oder dem Taxi zu kommen, war sehr groß. Sein Terminkalender war immer bis oben hin vollbepackt und mit dem Auto selbst fahren, war schwierig, denn es gab kaum Parkplätze. Aber er besuchte uns dann doch. „Ah, so ein hübsches Mädchen. Schade, wir müssen es mit dem Kind deiner Schwester tauschen. Hedy soll nach El Fayoum", schlug er lachend meiner Mutter als Witz vor, denn meine Tante Renée bekam kurz vorher einen Sohn. „Nein! Meine Tochter bleibt bei mir", entschied Mutter Isis bestimmt.

Meine Mutter wollte, dass ich endlich eine Geburtsurkunde ausgestellt bekam und sie ließ nicht mehr locker. Also musste White sich schließlich darum kümmern. Im Orient waren es nämlich vorwiegend Männer, die auf das Amt gingen und Urkunden oder dergleichen beantragten.

Meine Eltern genossen durch ihre Erziehung viel Bildung und kamen mit der ausländischen Kultur häufig in Kontakt. Meine Mutter durfte auf eine französische Schule, sprach zu Hause nur französisch und liebte das Kino, ebenso wie mein Vater. Die beiden beschlossen „Hollywood nach Kairo" zu holen, indem sie meine Schwester Marlene nach der berühmten Marlene Dietrich benannten und mich, Hedy, nach dem Hollywoodstar und der Erfinderin Hedy Lamarr. Die gesamte Familie machte sich gerne über die Kinobegeisterung meines Vaters lustig und so wurden

11

wir oft Marlene Dietrich und Hedy Lamarr gerufen. White wurde selbst auch wegen seines englischen Namens oft von Leuten gehänselt. Aber das störte ihn nicht weiter. Er war stark und kam durch, so wie wir auch.

Mein Name Hedy stand also fest, und was blieb meinem Vater auch anderes übrig, als für mich nun endlich eine Geburtsurkunde zu besorgen. Er ging also zu dem zuständigen Amt. Als er gefragt wurde, wann ich geboren sei, antworte er verstreut: „Geboren? Gestern." Er hat gar nicht nachgedacht und das erstbeste gesagt, was ihm einfiel. Und so kommt es, dass statt dem 10. April 1944, der 13. Mai in meinem Pass steht. Er kontrollierte dummerweise auch am Ende das Dokument nicht noch einmal, so dass er nicht bemerkte, dass statt Hedy dort nun plötzlich Hoda stand. Hoda ist im Arabischen sehr ähnlich zu Hedy, daher kam wohl die Verwechslung meines Namens durch den Beamten.

Wir wussten das alle nicht. Ich bekam meine Geburtsurkunde ja auch nie in die Hände. Und dann passierte eine lustige Geschichte:

Als ich zum Abitur zugelassen wurde, musste ich meine ganzen Daten, wie Namen, Geburtstag, Wohnort, angeben. Man kann ja auch von einer 18-Jährigen erwarten, dass sie ihre persönlichen Angaben fehlerfrei macht. Meine Geburtsurkunde musste auch eingereicht werden. Eines Tages kam die Direktorin auf mich zu. Sie war äußerst wütend und schrie sogleich auf mich ein.

„Sind Sie denn noch ganz bei Sinnen? Wollen Sie mir ernsthaft sagen, Sie wissen nicht, wann Sie geboren wurden? Und Ihren Namen kennen Sie wohl auch nicht? Ihre kompletten Angaben

12

waren von Anfang an falsch. Ihre Zulassung wird hiermit zurückgezogen!"

Ich dachte: „Das gibt es doch nicht! Wie kann das denn sein?" Wütend ging ich mit der Urkunde in der Hand zu meinem Vater und fragte ihn, was er sich da gedacht habe. Aber er gab die Schuld nicht zu. „Ach das haben wir gleich. Ich bin wohl auf den Beamten damals hereingefallen.", versuchte er mich zu beschwichtigen. Er wollte erst die Urkunde reklamieren und sagte, dass er alles klären würde. Wie überall auf der Welt könne man mit Geld schließlich alles erreichen, war er sich sicher.

Doch dann kam er auf die absurde Idee, dass das Abitur doch eigentlich gar nicht nötig sei. „Wir brauchen das jetzt gar nicht lange diskutieren! Wer nicht studiert, der heiratet. Du bist ein hübsches Mädchen und wirst einfach bald heiraten!"

Zum Glück war es meiner aber Mutter wichtig, dass ich die Chancen auf ein Studium bekam. Und ich wollte es ja schließlich auch. Also wurden alle Hebel in Bewegung gesetzt.

Meine Tante Bahga- die hübsche, aber ledige Schwester meines Vaters- hörte von dem Problem meiner Zulassung. Da sie selbst Direktorin an einer arabischen Schule war, erklärte sie uns, dass das so nicht ohne Weiteres ginge. Sie verhalf mir dazu, dass ich doch zu meinem Abitur zugelassen wurde.

Und das war auch gut so, denn ich habe das beste englische Abitur mit Auszeichnung in diesem Jahrgang absolviert. So konnte ich nun doch studieren. Wer hätte damals schon gedacht, dass ich später derart erfolgreich und selbstständig werden würde.

Auch später in meinem Leben bekam meine Geburtsurkunde noch einmal eine wichtige Bedeutung für mich. Nämlich, dann

13

als ich mit meinem Mann Tadros 1983 in Deutschland eingebürgert wurde und er zugeben musste, dass ich Recht hatte. Das war nämlich so:

Bei der Einbürgerung musste mein Mann viele unserer Dokumente, so auch unsere ägyptischen Geburtsurkunden, übersetzen lassen. Wir mussten unseren ägyptischen Pass für die Einbürgerung abgeben. Dabei haben wir eine Entdeckung bei meinen Dokumenten gemacht. „Wusstest du, dass deine beiden Großeltern aristokratische Titel hatten?", fragte mein Mann erstaunt.

Meine Großeltern väterlicherseits bekamen die aristokratische Auszeichnung Bey für die Arbeit meines Großvaters in der Landwirtschaft und der Betreuung der Fellachen. Er war so etwas wie ein Großgrundbesitzer. Sein Titel war: Yaakob Sabry Bey El Masry. Meine Familie mütterlichseits war eine einflussreiche Bankiersfamilie aus Kairo. Auch sie hatten den aristokratischen Titel Bey und hieß Barsoum Bey Ayad.

Ich hatte meinem Mann früher immer wieder im Scherz gesagt, dass ich adlig sei. Er nahm das wohl nie so ernst. Doch nun musste er nach der Übersetzung der Urkunde zerknirscht zugeben, dass ich tatsächlich aus aristokratischen Familien stamme.

Es gab noch eine weitere amüsante Situation wegen meines Passes: Ich musste fast nie meinen Pass zeigen. Nur ein einziges Mal verwirrte ich einen armen Kontrollbeamten, als er meine Dokumente an der Grenze ansah: „Ja, aber Heliopolis ist doch in Griechenland. Weshalb steht hier Ägypten?" Da erklärte ich ihm, dass ich aus einem sehr berühmten und noblen Vorort von Kairo abstamme. "Wussten Sie das etwa nicht?", fragte ich kokett.

14

Peinlich berührt gab er mir schnell meine Papiere zurück und wünschte mir eine gute Reise. Ansonsten hatten die Dokumente oder Papiere keine große Rolle für mich gespielt.

Nonna Virginie Frühstück in England
1958

Von links: Vater, Schwester Marlène mit Verlobten, Mutter
1963

Von links: Mutter, Ich und mein Vater bei meiner Hochzeit
1971

2.Kindheit und Herkunft:
Das glückliche Sonntagskind

Ich hatte eine wundervolle Kindheit und durfte sehr beschützt und geliebt aufwachsen. Wir waren immer finanziell abgesichert. Unser Wohlstand entsprang aus unserer Bildung. Meine Familie bestand vorwiegend aus Akademikern. Wir genossen die ausländische Kultur, dadurch dass wir alle fließend Französisch sprachen. Es gab stets regelmäßig Zusammenkünfte mit den unterschiedlichsten Menschen, man tauschte sich aus, diskutierte, lachte. Es war eine herrliche Zeit.

Eine Freundin von mir machte regelmäßig Urlaub im Ausland. Von ihr bekam ich die schönsten Postkarten geschickt. Sie brachte mir auch oft schönes Briefpapier aus Europa mit und dann kam sie mich besuchen und berichtete mir von den schönen Orten. Ich träumte stets davon. Mir war klar, dass ich eines Tages auch die Welt sehen will.

Mein Vater hatte eine sehr große, schöne Wohnung in der Nähe des Schlosses von Baron Empain besorgt. Es war so ein schönes Viertel damals. Im Hof trafen wir uns zum Spielen, dabei sprachen wir immer nur Französisch. Als Kinder konnten wir in Begleitung von unserem Kindermädchen in die Schule, das Pensionat St Joseph, laufen und genossen unser Leben in vollen Zügen. Doch am schönsten waren die Sommerferien.

Die Schwester meiner Mutter, Tante Nelly, hatte in Alexandria gewohnt, in einer sehr großen Wohnung direkt am Meer. Weil Kairo im Sommer immer so schrecklich heiß war, lud uns Tante

Nelly zu sich ein. Ferien am Meer, wie sehr wir Kinder uns darauf stets freuten.

Meine Tante hatte fünf Kinder, aber kaum einen großen Freundeskreis. Sie kümmerte sich nur um ihre Kinder. Mein Vater bezahlte in den Ferien für die Wohnung und meine Mutter nähte der Familie als Dankeschön immer neue Kleider mit schönen Stoffen. So durften wir dort unsere Ferien verbringen. Als wir kleine Kinder waren, hat das alles sehr gut geklappt. Doch mein Vater wollte lieber alleine mit uns Urlaub machen und nicht immer bei den Verwandten wohnen.

Als meine zwei Jahre jüngere Schwester Yolande mit nach Alexandria kam und mein Onkel und meine Tante dann noch anfangen wollten uns Mädchen mit einem ihrer Söhne zu verkuppeln, rief mein Vater: „Mein Gott, jetzt reicht es aber!". Auch wenn die Kuppelei typisch für den Orient war, wollte mein Vater da nicht mitmachen. Er wollte immer nur das Beste für uns. Deshalb ließ er uns später auch selbst unsere Ehemänner aussuchen.

Mein Vater machte keine halben Sachen und besorgte uns eine eigene Wohnung in Alexandria, in der wir von da an immer unsere drei Monate Sommerferien genossen. Das Kindermädchen war auch hier immer mit dabei, um meine Mutter zu entlasten. Später hatten wir einen schönen Bungalow direkt am Strand.

Als ich acht Jahre alt war, begann sich jedoch einiges zu ändern. Ich wurde zu einem „Kind der Revolution", als 1952 der Militärputsch stattfand. König Faruk I sollte abgesetzt werden. Die friedliche Revolution veränderte unser Leben sehr. Sie war ein wichtiger Schritt für die Bedeutung des Landes. Die Ausländer mussten teilweise Ägypten verlassen. Die Führungsleute der Revolution (vorwiegend Armeeoffiziere) hatten einen extrem ausgeprägten Nationalstolz. Die Revolution war sehr gut für Ägypten. Sie hat dazu verholfen, dass das Land zu einer angesehen Nation wurde.

1956 wurden wir aus Heliopolis evakuiert. Der Suez-Krieg wütete überall und unser Vorort wurde stark bombardiert. „Nichts wie weg hier!", rief mein Vater. Er packte uns, so schnell es ging, in ein Taxi und brachte uns nach El Fayoum. Das war zirka 200 Kilometer weit weg von unserem Zuhause. Damals war mein kleiner Bruder gerade einmal 9 Monate alt.

Dort wohnte die Schwester meiner Mutter, Tante Renée. „Ihr müsst hierbleiben, bis der Krieg vorbei ist", entschied mein Vater. So lebten wir quasi als Flüchtlinge bei ihr und hatten es trotz dieser schweren Zeit sehr gut.

Mein Vater war wie immer viel zu beschäftigt mit diversen Geschäften und blieb daher lieber in Heliopolis. Er half den Ausländern mit Verträgen, mit Geldgeschäften oder beim Verkauf ihrer Landgüter. Er war wirklich sehr tüchtig und hatte dadurch auch sehr viel Geld verdient. Mein Vater hatte ein gutes Gespür für finanzielle Investitionen. Er konnte aus jeder Situation immer das Beste herausholen. Nach der Revolution wurden viele Landbesitzer enteignet. Mein Vater hatte Glück, denn er verkaufte noch rechtzeitig einige unserer Immobilien und Ländereien. Und auch meine Großeltern lebten immer gut- trotz dieses aufregenden Umbruchs in Ägypten. Als die Angst vor Inflation aufkam, begann mein Vater wieder neue Immobilien zu kaufen. Wir waren wirklich immer finanziell abgesichert.

20

Irgendwann kehrte ich mit meiner Mutter und meinen Geschwistern nach über fünf Wochen wieder nach Hause zurück und wir waren geschockt. Wir hatten uns so auf unser Zuhause gefreut, aber alle Familien, die wir kannten, waren plötzlich weg. Auch unsere Freunde waren nicht mehr da. Das Haus war leer. Die einzige Familie, die blieb, war Nadia Perreras Familie, sie hatten die Wohnung unter uns. Mit ihr bin ich bis heute befreundet und im engen Kontakt. Sie ist übrigens auch der Grund, wieso ich später in Europa gelandet bin. Wir wohnten im selben Haus, litten gemeinsam über den Verlust unsere Freunde und haderten mit der neuen Zeit.

1955 wurde mein Bruder Karim geboren. „Endlich ein Sohn!" Das dachte nicht nur mein Vater allein. Auch für uns Mädchen war die Geburt eines Jungen wichtig. Nur mit der Geburt eines Sohnes war unser Erbrecht gesichert. Sonst wäre das Vermögen auf die Großeltern und Tanten und Onkel verteilt worden. Wir Kinder hatten allesamt immer ein gutes Verhältnis untereinander. Zwar wurde mein Bruder immer ganz schön bevorzugt, aber dadurch, dass wir älter waren, war das völlig in Ordnung für uns.

Nach 1956 übernahmen die nationalstolzen Ägypter die Macht. Auf der französischen Nonnenschule, auf der ich zu dieser Zeit war, musste nun auf einmal die arabische Sprache einführen. Arabisch wurde Pflicht, auch an den europäischen Schulen im Land. Das war eine große Umstellung für mich. Ich konnte die Sprache nur sprechen, aber musste dann mit 12 Jahren die Schrift lernen. Es gab immer mehr Einschränkungen in der Schule, immer mehr Nonnen wurden im Laufe der Zeit heimgeschickt. Für die Regierung war meine Schule „ein Stück Frankreich in Ägypten".

Da ich Arabisch nicht so gut schreiben konnte, hatte ich öfter auch meine Hausaufgaben nicht ordentlich gemacht. Als Bestrafung setzte mir meine Lehrerin Eselsohren (les cornes de l'âne) auf den Kopf und stellte mich in die Ecke. Les cornes war ein Ring, an den Eselsohren geklebt wurden. Alle sollten sehen, dass ich faul war. Beim ersten Mal schämte ich mich noch. Beim zweiten Mal jedoch schnitt ich der Klasse hinter dem Rücken meiner Lehrerin Grimassen, so dass meine Schulkameraden dauernd grinsen und lachen mussten. Beim dritten Mal, war nicht nur meine Lehrerin verärgert, nun wurde auch ich wütend und revoltierte. Ich stampfte mit dem Fuß auf, nahm die Hörner vom Kopf und schrie: „Sie können mich dazu nicht zwingen. Ich mache das nicht mehr! Mein Vater ist Anwalt, und wenn Sie so weitermachen, dann verklagt er sie einfach und bringt sie ins Gefängnis!" Was für ein Mut für so ein kleines Mädchen. Meine Lehrerin packte mich und brachte mich unverzüglich zur Direktorin. Sie schimpfte und beschwerte sich solange, bis meine Eltern verständigt wurden. Als sie kamen und mein Vater hörte, was passiert ist, brach er erst einmal in schallendes Gelächter aus. Doch dann verdunkelte sich sein Blick. Ich wurde nervös. Aber anstatt mich zu schimpfen, legte er die Hand beruhigend auf meine Schulter und legte hocherzürnt los: „Sie wagen es, mich wegen so einer Lappalie aus dem Büro zu holen? Schämen Sie sich nicht, einem Kind solch eine Maskerade anzutun? Ich warne Sie, wenn Sie auch nur eine meiner Töchter noch einmal schlecht behandeln, nehme ich alle sofort von der Schule!" Das

22

hatte gesessen. Die Schule wollte ja nicht auf das viele Schulgeld verzichten, das meine Eltern für uns monatlich zahlen mussten. Mein Vater versprach, dass ich ab jetzt immer meine Hausaufgaben mache und dass meine Eltern mir helfen würden, falls ich im Unterricht Probleme haben sollte. Von da an waren alle an der Schule immer nett zu mir.

Tante Bahga, die Schwester meines Vaters, war es, die erklärte, dass wir mit Französisch keine Zukunft mehr hatten. Sie riet schon sehr früh dazu, dass wir einen englischen Abschluss machen sollten. Es war immer klar, dass wir einen guten Abschluss brauchen, um studieren zu können.

In den Jahren 1957/1958 wechselten meine jüngere Schwester Yolande und ich auf eine englischsprachige, internationale Privatschule. Die Schule war sehr teuer, doch sie garantierte eine sehr gute Bildung.

Meine Kindheit war traumhaft. Die meisten Menschen können von so einer Kindheit nur träumen. Ich habe mir immer gedacht: „Was habe ich für ein Glück gehabt! Ich bin einfach ein Sonntagskind." Das größte Glück, das ich hatte, war in Würde in Europa leben zu dürfen und meinen Mann kennenzulernen.

Yolla, ich und Marlène und das Kindermädchen
1954

Yolla, Vater, Karim, Mutter und ich in Alexandria 1964

Yolla, ich, Marlène, Mutter und Karim in Alexandria 1960

3. Der Schulweg: Schule und Studium

Mein Leben war schon immer ein Abenteuer. Jeder Schritt, jede Entscheidung war eines. Ohne das, wäre mein Leben nicht so geworden, wie es ist.

Wie im Kapitel zuvor beschrieben, mussten wir Mädchen nach der Revolution die Schulen wechseln. Meine ältere Schwester war mit ihren 14 Jahren zu alt für die Aufnahme an der englischen Schule und ging deshalb auf das Lyzeum in Heliopolis.

Yolande, damals zehn Jahre alt, und ich durften dann auf das „English Mission College", einem großen englischen Gymnasium. Es war eine gemischte Schule. Auf dem Schulhof waren Jungen und Mädchen gemeinsam. Der Unterricht wurde aber geschlechtlich getrennt.

Ich musste nun alle Fächer, die ich zuvor in Französisch hatte, in Englisch lernen. Das Fach Arabisch wurde besonders streng gelehrt. Wir wurden einfach ins kalte Wasser geworfen, denn an unserer alten Schule wurde kaum Englisch unterrichtet.

So schön meine Kindheit und Jugend auch war: Wir hatten die erste Zeit auf dem College sehr gelitten Die Schulleitung und Lehrer waren Engländer. Wir wurden misstrauisch beäugt und die erste Zeit wie Flüchtlinge angesehen. „Seid froh, dass wir euch überhaupt aufgenommen haben!", solche Sätze bekamen wir zu hören. Wir waren zu Beginn nur geduldet, aber nicht willkommen. Wir hatten ja nur den Platz dort durch meine Tante Bahga bekommen, die Beziehungen zu dem College hatte, da sie auch eine Schuldirektorin war.

Es war schwer, Freunde zu finden. Meine Schwester und ich haben besonders in dieser Zeit eng zusammengehalten. Tante

Bahga half uns in allen Bereichen so gut sie konnte, auch unterstütze sie uns im Lernen der englischen Sprache.

Ich erinnere mich noch genau an den Tag, an dem eine Unterrichtsinspektion in meiner Klasse stattfand. Diese gab es öfter. Ich bereitete mich sehr gut auf diese Unterrichtsstunde vor. Für die Inspektion kam immer ein Mann der Bezirksregierung, um im Unterricht ein paar Fragen zu stellen. Wir wussten, dass die Inspektion in Erdkunde stattfinden wird, einem Fach, das in arabischer Sprache unterrichtet wurde. Ich war ja eine fleißige Schülerin und habe mich zu Hause gut vorbereitet und viel gelernt. Unsere Erdkundelehrerin traute mir allerdings nicht viel zu und sagte: „Du Hedy, setz' dich mal lieber ganz da hinten in die letzte Reihe! Und wehe, du machst den Mund auf!" Ich war ein zierliches kleines Mädchen damals und wurde ganz hinten kaum mehr wahrgenommen. Bei der ersten Frage des Inspektors herrschte betretenes Schweigen und die Blicke meiner Mitschüler sanken nach unten. Ich aber wusste die Antwort, traute mich nur zögerlich mich zu melden. Meine Lehrerin übersah mich aber mit Absicht. Bei der nächsten Frage, wurde ich immer hibbeliger, ich wollte mein Wissen zeigen. Doch auch hier ignorierte die Lehrerin mich gekonnt und behauptete, dass die Klasse einfach nur schüchtern sei. Dann, bei der dritten Frage, sprang ich auf, riss die Hände hoch und der Inspektor meinte: „Na endlich, da hinten meldet sich ein Mädchen." Meine Lehrerin warf mir einen wütenden Blick zu. Doch jetzt ignorierte ich sie einfach und sprudelte mein ganzes Wissen heraus. Ich war nicht mehr zu bremsen. „Sie haben hier ja eine super Schülerin! Sie hat ihre Klasse heute bei der Prüfung gerettet!", meinte der Inspektor anerkennend. Meine Lehrerin war peinlich berührt, aber sie kam am Ende dennoch auf mich zu und bedankte sich für meinen Einsatz. Von da an saß ich immer in der ersten Reihe. Ich war immer ehrgeizig und lernte schnell. Yolande, die später Medizin studierte, war schon immer sehr intelligent- ihr flog immer alles einfach zu. Ihr fiel alles leicht. Jedes Jahr gab es pro Jahrgang einen Abschlusstest an der Schule. Jeder Schüler und jede Schülerin nahmen daran teil. Meine Schwester absolvierte den Test als beste Schülerin und lag sogar über dem Durchschnitt der angehenden Abiturienten. 1963 war mein Abschluss. Französisch war mein Vorteil, hier schloss ich mit der besten Note ab.

Nachdem wir uns am Gymnasium eingelebt hatten und die englische Mentalität verstanden, begann eine phantastische Zeit.

An eine Lehrerin unserer Schule erinnere ich mich noch besonders. Sie war so etwas wie eine Spionin oder die Polizei. Nach der Schule stieg sie immer in ihr Auto und fuhr die Schulwege von uns Schülern ab. Sie wollte sicher gehen, dass wir Mädchen uns nicht heimlich mit einem Jungen der Schule trafen. „Wer verabredet sich mit wem?", war ihre große Sorge- und für uns war das immer lustig. Schließlich hatte trotzdem jede von uns heimlich einen „Boyfriend", aber natürlich nur auf ganz anständige Weise.

Es war so eine wundervolle Zeit. Ich lebte in Ägypten das Leben wie das einer Jugendlichen in Europa. Wir trugen diese schicken Schuluniformen, es gab viele Konzerte und sogar Tanzkurse. Ich war in vielen Sportgruppen und auch die Kapitänin in unserem Schul- Handballverein. Zur Abiturzeit gab es verschiedene Sportwettkämpfe, hier war ich „school-games-Capitan".

Besonders schön waren die großen Weihnachtsfeiern mit den Eltern. Hier wurden Theaterstücke aufgeführt und ich war immer dabei. Ich liebte das Schauspielern und auf der Bühne stehen, unter anderem spielte ich im Theaterstück „King Lear" mit.

Ich war sogar im Fernsehen, als ich dem Präsidenten Nasser am Flughafen Blumen überreichen und die Hand geben durfte. In der Schule gab es regelmäßig Militärtraining und ich wurde gewählt, weil ich so ein hübsches Mädchen war und Dank meiner Mutter eine schöne Militär-Uniform besaß.

Ich bin so dankbar, dass meine Eltern sich solch eine phantastische Schule leisten konnten.

Die Abschlussarbeit wurde von England gestellt. Ich war der letzte Jahrgang, der das Oxford und Cambridge Zertifikat bekam. Durch dieses Zertifikat war ich berechtigt, an verschiedenen Schulen, z Bsp.: in Deutschland, zu unterrichten- ohne weitere Zusatzqualifikationen erlangen zu müssen.

Als wir in Alexandria waren, bekamen wir unsere Abiturnoten mitgeteilt. Meine drei Freundinnen und ich schlossen alle sehr gut ab. Und wir entschieden: „Das muss jetzt ordentlich gefeiert werden, bevor wir an die Uni gehen!"

Wir baten meinen Vater, uns eine Flasche Whiskey zu besorgen, wir wollten damit die Party beleben und luden alle Freunde, die ebenfalls in Alexandria waren, ein bei uns im Hof mitzufeiern.

Der Whiskey-Soda war anscheinend nicht so gut und uns war sehr schlecht danach. Wir mussten uns nachts übergeben und hatten am nächsten Tag schreckliche Kopfschmerzen. „Wenn von euch eine noch einmal sagt, dass sie feiern möchte, dann bring ich euch um!", schimpfte meine Mutter lachend. Sie sagte uns, dass nun der ernste Teil des Lebens beginne und wir studieren gehen und nicht mehr feiern sollen. Danach kochte sie uns aber liebevoll einen starken Kaffee und versorgte uns mit Aspirin, so dass der Kater-Tag etwas erträglicher wurde.

29

Mit 19 Jahren begann ich in Kairo Sprachen und Literatur zu studieren. Ich war so klein und zierlich, dass ich am Eingangsportal immer wieder gefragt wurde, was ich hier wolle. Ich musste sogar regelmäßig meinen Studentenausweis vorlegen, weil ich so klein war und jung wirkte.

Meine damals beste Freundin, Iris Salama, und ich entschieden uns als einzige unseres Jahrgangs, an die Universität in Kairo zu gehen. Wir kamen beide aus Heliopolis und hatten täglich nun einen weiten, beschwerlichen Weg. Wir mussten sowohl die Metro als auch den Bus nehmen, um dort anzukommen. Es gab eine weitere Universität, die neu gebaut wurde und näher an Heliopolis lag, aber sie hatte noch keinen guten Ruf. Daher entschieden wir uns, lieber die anerkannte Universität zu nehmen- auch wenn der Weg dann weiter war.

Iris war ein Einzelkind und wollte viel lieber schnell heiraten, statt zu studieren. Ihre Mutter war deshalb fix und fertig. „Sie heiratet nicht, wenn sie keinen Abschluss hat", sagte sie immer wieder. Ich überredete Iris stets zum Weitermachen und war dadurch mehr als willkommen in der Familie Salama. Ich wurde regelrecht verwöhnt und durfte dort auch oft übernachten. Meine Eltern hatten mich schon öfter dadurch vermisst, aber solange ich fleißig lernte, war es in Ordnung für sie.

In der Mitte des Studiums lernte Iris ihren Verlobten Nabil Khalil, der in Innsbruck Pharmazie studierte, kennen. Er war ein gutaussehender junger Mann, der in Europa an die Universität ging. Für ägyptische Verhältnisse war er regelrecht königlich, denn ein Studium im Ausland war sehr teuer. Nun hatte Iris nur noch mehr das Heiraten im Kopf, sie wollte am liebsten nach Innsbruck zu ihrem Verlobten und das Studium hinschmeißen. Die arme Mutter hatte wirklich ihren Kampf. Aber sie bestand darauf, dass es keine Hochzeit ohne Studienabschluss geben wird. Also studierte Iris notgedrungen weiter mit mir.

Eines Tages kam eine Freundin von Iris zu Besuch. Laila war wunderschön, elegant gekleidet wie ein Fotomodell. Ich bewunderte ihr Auftreten und erfuhr, dass sie im Hilton arbeitete. Iris und ich saßen am Schreibtisch zum Lernen, in lässigen Jeans und Shirts und sie schritt in den Raum wie eine Berühmtheit.

Ich fragte sie sogleich: „Was muss man tun, um so schön gekleidet zu sein?"

„Na ganz einfach: Arbeite im Hilton!", war ihre schlichte Antwort.

Aus Spaß sagte ich, dass ich sie bewundere und auch gerne einen Job dort hätte. Laila meinte, dass ich erst fertig studieren solle, denn es wäre nicht so leicht, eine Arbeit im Hilton zu bekommen. Es wäre auch nichts frei.

Also studierten wir erst einmal weiter und ärgerten uns jedes Mal heimlich, wenn Laila kam und wieder etwas todschickes Neues zum Anziehen hatte. Eines Tages kam sie und sagte mir: „Du hast Glück. Wenn du wirklich arbeiten willst, im Hilton ist ein Platz an der Rezeption frei. Ich bin ja mal gespannt, ob du Chancen hast. Du musst erst zu einem Bewerbungsgespräch."

1965 hatte ich noch vier Semester zu studieren, aber ich wollte diesen Job unbedingt bekommen.

„Ich hoffe sehr, dass sie dich nicht nehmen. Ich möchte, dass du erst deinen Abschluss machst!", so regierte mein Vater, als ich im von der freien Stelle berichtete. Er war sich sicher, dass ich dort nicht genommen werde, und daher erlaubte er mir, zum Vorstellungsgespräch zu gehen. Natürlich nur mit dem Versprechen, dass ich auf jeden Fall mein Studium ordentlich beende.

31

Ich fuhr mit der Straßenbahn ins Hilton und war ganz entspannt. Ich hatte schließlich nichts zu verlieren. „Wenn sie mich nehmen, wäre das gut- wenn nicht, auch nicht schlimm, dann studiere ich weiter", so war mein Plan.

Der amerikanische Manager wollte mich auf Anhieb einstellen, da er mein Englisch und Französisch gut fand. Es war selten, dass mehrere Sprachen gleichzeitig gesprochen werden konnten. Und auch sein ägyptischer Kollege hatte nichts gegen mich einzuwenden.

Die Leiterin der Rezeption, Lucy Lama, wurde sogleich gerufen, damit auch sie mich kennenlernte. „Du bist doch eine vom Trio El Masry!", rief sie erstaunt.

Schon wieder hatte ich also Glück. Lucy kannte meine Familie. Mein Vater war Rechtsanwalt in ihrer Familie. Wir kamen beide aus Heliopolis und trafen uns auch oft sonntags in der Kirche.

„Dich nehme ich doch sofort!", lachte sie. „Dann können wir immer zusammen hierherfahren, wir haben ja denselben Weg."

Es entstand schnell eine Freundschaft zwischen uns. Ich musste erst einmal eingearbeitet werden und eine dreimonatige Probezeit absolvieren. Da meine Arbeitszeiten erst spät waren, konnte ich somit mein Studium weiter fortsetzen und mein Semester gut abschließen. Nun waren es nur noch drei Semester, die ich für meinen Abschluss brauchte. Ich nahm freiwillig die Abendschichten, und konnte so in Ruhe weiterstudieren.

Dem Hilton Hotel habe ich viel zu verdanken. Ich habe viel Geld verdient. So konnte ich mir meine erste Reise nach Europa 1966 leisten. Ich fuhr mit dem Schiff nach Italien. Und so abenteuerlustig wie ich war, bin ich mit 22 Jahren alleine gereist. Ich hatte das Gefühl, dass die Welt mir zu Füßen lag. Meine erste Auslandsreise führte nach Venedig. Da das Schiff in Piräus anhalten musste, um die griechischen Passagiere aussteigen zu lassen, hatte ich die Gelegenheit, Athen und Priäus zu besichtigen. Von Venedig aus bin ich später mit dem Zug nach Milano gefahren und habe meine Freundin Nadia Perrera besucht. Anschließend ging es wieder nach Venedig zurück, wo ich in einem Luxushotel wohnen konnte, da dort ein Freund meines Vaters arbeitete. Ich hatte sehr nette Freunde kennengelernt.

Nach der Reise kam ich nach Ägypten zurück und arbeitete weiter. Das Sheraton-Hotel wurde gebaut und es gab das Gerücht, dass dort nur erstklassige Leute arbeiten durften, und dass niemand aus dem Hilton übernommen werde. Mich hatte schnell der Ehrgeiz gepackt und ich nahm mir vor, dort eines Tages eine Anstellung zu bekommen. Doch das sollte noch eine Weile dauern.

1968 hatte ich meinen Abschluss Bachelor of Arts erfolgreich gemacht. Ich wurde in Literaturwissenschaft, Sprachen, Medien und Unterrichten ausgebildet. Iris und Nadia waren mittlerweile verheiratet. Meine Großmutter, Virginie Frühstück, war nach England zu meinem Onkel Karl Ayad gezogen. Ich arbeitete weiter im Hilton, doch dann packte mich das Fernweh wieder.

„Nun gut, wenn dein Onkel dich einlädt, kannst du zu ihm nach Europa.", willigte mein Vater ein. Ich überredete ihn, dass es doch viel lohnenswerter sei, wenn ich dann auch noch meine beiden in Europa lebenden Freundinnen besuchen könnte. So geschah es, dass ich für zwei Wochen nach Wales fuhr, im Anschluss daran meine Freundin Nadia in Milano für eine Woche traf und dann in Innsbruck eine weitere Woche zu Iris und ihrem Mann ging.

Im September 1968 war es dann endlich soweit. Ich bekam vom Hilton vier Wochen frei und meine Reise ging los. Am 2. September landete ich voller Erwartungen in London. Allerdings war dort Feiertag und es wurde zudem gestreikt. Ich bekam dadurch keinen Zug nach Wales. Zum Glück lernte ich aber eine kleine Gruppe von jungen Leuten aus Pakistan kennen, die sich in London auskannten und dort lebten, sie boten an mir zu helfen.

„Wenn dich jemand fragt, heißt du ab jetzt Mrs. Brown, sonst bekommen wir kein Zimmer!", sagte einer der Pakistani, der noch keine Wohnung in London hatte. Er versprach mir, dass mir nichts passieren wird und dass er mich nicht anfassen würde. Danach organisierte er in einem Hotel für uns als Ehepaar Brown ein Doppelzimmer und bezahlte sogar. Meine Menschenkenntnis ließ mich nicht im Stich, er hielt sein Versprechen, mich in Ruhe zu lassen, und auf meinem Heimweg trafen wir uns sogar alle wieder in London und ich bekam eine Stadtführung von der Gruppe. Mr Brown, wie ich ihn nun nannte, bezahlte mir auch das Telefonat, mit dem ich meinen Onkel beruhigen und ihm erklären konnte, dass ich verspätet eintreffen würde.

Am nächsten Tag machte ich mich auf den Weg nach Wales zu meiner Großmutter und meinem Onkel, die ja bereits auf mich warteten. Dort verbrachte ich eine schöne Zeit, ebenso bei Nadia in Milano.

Danach fuhr ich mit dem Zug alleine nach Innsbruck, wo ich Iris und ihren Mann Nabil traf. Sie zeigten mir in der Woche die Schönheiten der Stadt, wir sprachen viel zusammen, tauschten uns aus und ich machte Iris klar, dass ich Karriere machen wolle.

Am letzten Abend dieser schönen Woche hatte ich noch Geld übrig und wollte unbedingt noch einmal etwas erleben und eine Diskothek besuchen. Ich liebte das Tanzen. Nabil war gar nicht begeistert und schlug vor, dass wir Frauen doch alleine gehen sollten. Er wollte seine Ruhe haben.

Vor dem Ausgehen entschloss ich mich, meine Sachen zu packen, so dass die Abreise am nächsten Tag nicht so stressig werden sollte. Zu dieser Zeit bekam Nabil Besuch von einem Freund. „Wir haben eine total verrückte Ägypterin hier", stöhnte Nabil. „Sie macht uns schon seit einer Woche fertig. Nimm sie doch heute Abend mit. Sie will ausgehen. Ich bin am Ende meiner Kräfte." Nabil freute sich schon jetzt auf meine Abreise.

Iris kam heimlich zeitgleich in mein Zimmer und sagte: „Hör mir gut zu! Wir haben einen sehr netten Mann hier zu Besuch bekommen. Sei ja höflich zu ihm! Erzähl nicht so viel von deinen Abenteuern und sei nett! Das ist ein sehr guter Mann!"

„Ja, ich will ihn doch nicht heiraten", entgegnete ich lachend. „Dich wird er bestimmt auch nicht wollen. Das kannst du vergessen.", war sich Iris sicher. Nun war ich doch ein bisschen neugierig auf den Besucher geworden und ging hinüber zu den Männern. Als er mich sah, war das erste, was er sagte: „Was macht eine Ägypterin alleine im Ausland?" Ich antwortete selbstbewusst, dass ich eine selbstständige Frau sei, die die Welt erkunde und genieße.

Tawadros Yassa Youssef, genannt Tadros, drehte sich zu Nabil um und fragte ihn: „Wieso hast du mich nicht mitgenommen, auf euren Touren durch Innsbruck, wenn sie schon seit einer Woche da ist?" Ich habe gleich verstanden, dass er mich mochte und interessant fand.

Tadros nahm Nabil heimlich zur Seite und sagte ihm, dass er den Abend retten würde, wenn Nabil ein gutes Wort bei mir für ihn einlege. Danach verschwand Tadros und kehrte mit einem riesigen Einkauf zurück. Er hatte Bier, Knabbereien und noch weitere Dinge besorgt. „Wo habt ihr euer Radio? Lasst uns mal schnell den Tisch hier verschieben! Heute Abend machen wir hier unsere private kleine Disko!", entschied er. Nabil, der eher geizig war, freute sich über diese Idee und genoss das mitgebrachte Bier. Wir haben den ganzen Abend gelacht und erzählt. Es war herrlich.

Plötzlich schaute Tadros mich an und fragte: „Was hältst du denn davon, wenn ich dich einfach heiratete?"

„Ich heirate doch keinen Studenten!", sagte ich ihm, denn ich wusste, dass er noch Pharmazie in Innsbruck studierte.

Am nächsten Tag machte ich mich dann wieder auf die Heimreise. In Kairo angekommen, schwärmte ich meiner Mutter von der herrlichen Urlaubszeit vor. Doch sie sagte nur: „Du hast so viel Geld ausgegeben, das war jetzt die letzte Reise. Wenn du nicht bald heiratest, gibt es nichts mehr von uns dazu! Du musst sehen, dass du jetzt endlich einen Mann bekommst!"

Ich war 24 Jahre alt, für ägyptische Verhältnisse wurde es Zeit, dass ich endlich einen Mann fand. Meine Mutter hatte Angst, dass ich eine alleinstehende Frau bleibe und so schikanierte sie mich täglich, dass ich heiraten müsse. Dass ich eines Tages den jungen Pharmaziestudenten Tadros als Mann nehmen würde, das hatte ich zu diesem Zeitpunkt noch nicht gedacht.

Ich in der Schuluniform
1961

Ausflug mit der Schule
1962

Ausflug nach Luxor
1962

Theaterspiel in der Schule
1962

38

Blumen als Empfang für den damaligen Präsidenten Nasser

Ich und Iris Salama an der Universität Kairo
1965

40

Innsbruck, Österreich
1968

Nadia Perera, Milano

Milano mit Nadia
1966

Venedig 1966

Onkel Karl, ich, Vivian, Tante Doreen, Adrian und
Oma Frühstück
England
1968

Iris und ich
Innsbruch, Österreich
1968

4.Familie

Um zu verstehen, woher meine Liebe zur Sprache und europäischen Kultur stammt und um nachvollziehen zu können, woher meine tiefe Verwurzelung mit Ägypten ruht, muss man einfach einen Blick auf meine familiäre Herkunft werfen.

Es ist ja eigentlich doch verwunderlich, wie ich zu einer österreichischen Großmutter kam, nicht wahr?

Nun, das kam so: Virginies Vater, mein Uropa, war landwirtschaftlicher Ingenieur. Er verfasste ein Buch über die Agrarpolitik und das Bewässerungssystem Ägyptens. Die damalige Regierung war von diesem Buch derart begeistert, dass sie meinen Urgroßvater samt Familie nach Ägypten einlud.

1898 zog Familie Frühstück mit der fünfjährigen Virginie dann nach Ägypten, wo sie im Botschafterviertel wohnten. Dort gab es keine deutschsprachige Schule, sondern nur eine französischsprachige. Virginie besuchte somit nur diese Schule und sprach fortan Französisch.

Ich erinnere mich heute noch, als wäre es gestern, wie meine Nonna an ihrem Flügel saß und ihr Lieblingsstück „La Traviata" zum Besten gab. Sie wurde, ebenso wie wir später, sehr gut in den verschiedensten Bereichen ausgebildet.

Als junge Frau heiratete Virginie einen Ägypter, den ältesten Sohn von Barsoum Bey Ayad. Leider verstarb er schon mit 32 Jahren an Krebs und hinterließ meine Großmutter mit ihren drei Töchtern und ihrem Sohn.

Die junge Witwe erhoffte sich, dass ihre Töchter früh heiraten würden und bildete sie daher zu guten Hausfrauen aus. Sie plante, dass ihr Sohn Karl dadurch besser studieren konnte. Seien wir ehrlich, sie erhoffte sich sicherlich, dass mein Onkel dann im späteren Leben sich um sie kümmern würde- quasi als Revanche. Es war ein Privileg, dass meine Großmutter meinem Onkel ein Studium in England ermöglichen konnte.

Meine Mutter Isis wurde schon als junge Frau von meiner Großmutter zu einer guten Hausfrau und Ehefrau erzogen. Isis war aber noch viel mehr: Sie war eine regelrechte Künstlerin. Sie liebte das Nähen und das Malen. So malte sie unter anderem phantastische Bilder auf Stoff.

Mein Vater und die Familie Sabry El Masry erkannten früh, dass meine Mutter gut war und so kam es, dass mein Vater um ihre Hand anhielt, obwohl er eigentlich ursprünglich in eine andere junge Frau verliebt war. Mein Großvater stimmte aber gegen Yolande, so hieß die Angebetete, da sie nicht aus einer koptischen Familie kam. Meine Großeltern stammten aus einem Dorf in Ober-Ägypten und hatten insgesamt acht Kinder, von denen bis auf eine Tochter alle studierten. Sie zogen extra nach Kairo, damit alle Kinder die Möglichkeit bekamen auf einer Privatschule unterrichtet zu werden. Es wurde schon von Kindesbeinen an darauf geachtet, dass nur das Beste für die Familie gewählt wird. So war meinem Großvater meine Mutter auch lieber als Yolande, das Nachbarsmädchen.

Das mag jetzt alles seltsam berechnend und arrangiert klingen, aber es war dennoch eine glückliche Ehe zwischen meinen Eltern. Sie bekamen uns drei Mädchen und meinen Bruder.

Auch meine Tanten und mein Onkel mütterlicherseits hatten alle Glück bei der Partnerwahl. Meine Tante Nelly hatte früh einen Beamten der Post in Alexandria geheiratet und war gut abgesichert. Tante Renée heiratete einen Ingenieur in El Fayoum, Onkel Karl verließ 1954 Ägypten und gründete in England eine kleine Familie.

Meine Schwestern wählten ihre Ehepartner, wie es nicht unterschiedlicher sein konnte. Bevor ich nun von meiner eigenen Verlobung erzähle, will ich noch die Ehen meiner Geschwister kurz vorstellen.

Meine ältere Schwester Marlene studierte Französisch und heiratete später einen wohlhabenden Richter namens Abbas Karam. Meine Eltern begrüßten die Hochzeit der beiden sehr. Marlene hatte eine gute Ehe.

Leider bekamen sie nie Kinder, dafür liebte meine Schwester das Unterrichten von Kindern sehr. Vielleicht war es ein kleiner Ersatzversuch. Sie kam uns in Deutschland sehr gerne und vor allen Dingen sehr oft besuchen.

Yolla, so nannten wir meine jüngere Schwester, studierte Medizin und wollte niemals heiraten, obwohl meine Mutter auch immer wieder versuchte sie dazu zu bringen. Aber ein Autoverkäufer stahl sich dann doch in ihr Herz. Das kam so: Nach ihrem Medizinstudium, musste Yolla mindestens fünf Jahre lang auf dem Land als Ärztin arbeiten. Dazu war sie verpflichtet, weil sie umsonst Medizin studieren durfte. Als sie wieder nach Kairo zurückkam und dort im Krankenhaus arbeitete, entschied sie, dass sie ein Auto brauche. Immer mit dem Bus zu fahren, war auf Dauer zu aufwendig. Das Problem war nur, dass sie noch keinen Führerschein hatte. „Du kannst nicht fahren? Na das bringe ich dir gerne ein bisschen bei", schlug Naguib Bedros vor. Und so haben sie sich verliebt. Meine Schwester, die niemals heiraten wollte, führte eine glückliche Ehe. Yolla bekam zwei Kinder namens Christine und Youssef.

Mein Bruder Karim heiratete die Schwester seines Schulfreundes Ashraf. „Warum hast du mir nie gesagt, wie hübsch deine Schwester ist? Hast du sie etwa vor mir versteckt?". Dies war die erste Frage, die Karim an seinen Freund stellte, als er Amani sah. Karim war mit dem Studium fertig, arbeitete als Salesmanager bei Xerox und war somit eine gute Partie. Ashraf gab ihm die Telefonnummer seiner Schwester und die beiden verliebten sich recht bald. Es gab eine sehr große, feierliche Hochzeit. Er wollte unbedingt eine königliche Hochzeit, die erhielt er auch. Mein Bruder bekam einen Sohn und zwei Töchter: Fady, Miriam und Sarah.

In Ägypten wurde viel Werbung gemacht für „die Kleine Familie". Dafür bekam das Land von den United Nations eine Auszeichnung. Ägypten war das einzige Land, das in Afrika derart gegen die Bevölkerungsexplosion ankämpfte. Im Zentrum Kairos gab es sogar ein riesiges Plakat mit einem Elternpaar und zwei Kindern, auf dem stand: „Kleine Familie- großes Glück!". Es wurde immer gepredigt, dass zu viele Kinder nicht ratsam seien. Mit einer kleinen Familie hingegen wäre es möglich, allen Kindern eine gute Ausbildung zukommen zu lassen. Das war die Philosophie an die wir uns, entgegen der orientalischen Mentalität, hielten.

Familie El Masry an Ostern
1931
2.von Rechts: mein Vater

5.Die orientalische Mentalität und Lebensweise

In Ägypten sind die Menschen von Natur aus fröhlich und Humor wird groß geschrieben. Kein Wunder, 365 Tage im Jahr herrscht dort herrliches Wetter, die Sonne scheint und wärmt das Herz. Wenn die Sonne scheint, gibt es keine Probleme.
Ob arm oder reich, die Leute sind alle immer so hilfsbereit, freundlich, großzügig und gastfreundlich. Das merkten natürlich die Touristen ganz schnell, sie verliebten sich einfach in diese positiven Charaktereigenschaften.
Weiterhin gut ist, dass es kaum Kriminalität in Ägypten gibt- nur hier und da mal kleinere Delikte. Durch die tiefverwurzelte religiöse Einstellung hat die Regierung leichtes Spiel. Die Religion bestimmt bei den meisten Menschen den Tagesablauf. Aus Furcht vor Allahs Bestrafung, denn „Allah sieht alles und weiß alles", achten die Menschen sehr darauf, nichts Falsches zu tun.
Was auch noch zu dem positiven Lebensgefühl dort führt und für die ganze orientalische Welt gilt, ist die Liebe zur Musik. Es gibt immer einen Grund zu trommeln, tanzen, singen. Selbst während den Kriegszeiten spielte das Radio Musik. Meist war sie dann patriotisch, und daran merkten wir als Zuhörer, dass der Krieg kommen wird. Es war eine Art seelische Vorbereitung.
Egal in welcher Lebenslage man steckt, Lachen hat eine enorme Bedeutung. Die Ägypter sitzen bekannterweise gerne im Café und lesen dort die Zeitung. Wichtig ist dabei immer die Rubrik „Witze". Lachen ist die beste Medizin. Die Männer trinken gerne Tee oder Kaffee und lieben es, Backgammon zu spielen. Frauen trafen sich früher eher privat. Heute wird es lockerer.

51

Aber früher wie heute steht das Lachen und die Freude im Vordergrund.

Die Arbeitsphilosophie in Ägypten ist in zwei Lager geteilt. Alle arbeiten zwar, es ist nur die Frage mit welcher Intensität.

„Als der Assuan – Damm gebaut wurde, haben viel Ausländer mitgearbeitet. Russen, Italiener, Engländer und Franzosen waren dafür schwer am Schuften. Die Ägypter hingegen sangen und tanzten fröhlich und riefen nur: „Wir bauen einen Damm." Dieser alte Witz aus der damaligen Zeit, beschreibt die Mentalität meins Landes sehr gut.

Manfred Seibel war beruflich öfter in Ägypten. Als er zurück kam, meinte er nur lachend: „Ihr seid wortwörtlich IMB!" Ich sagte ihm: „Erklär mir mal, was du meinst!". „"I steht für in scha' Allah, B steht für bokra und M für malesh!" Übersetzt bedeutet das: Wenn Gott es will, klappt es heute, wenn nicht, dann eben erst morgen und wenn dann immer noch nicht, dann macht das doch auch nichts (malesh).

Eile gibt es in Ägypten nicht, alle sind geduldig. Die Sonne scheint, es ist warm und gibt keinen Stress, außer den, den man sich selbst macht. Die Uhren gehen einfach langsamer. Das Leben findet viel draußen statt, im Freien.

Die Familie hat auch eine große Bedeutung dort. Der Zusammenhalt wird sehr groß geschrieben. Dies sieht man daran, dass die Familie sofort aushilft, wenn jemand seinen Job verliert. Arbeitslosengeld wie hier in Deutschland gibt es nicht. Aber man ist durch die Familie abgesichert, alle rücken im Notfall zusammen.

Die Menschen aus dem Ausland lieben Ägypten nicht nur, um dort Urlaub zu machen, sondern auch um dort zu arbeiten und zu leben. Eine ehemalige Englisch-Lehrerin meines Sohnes bekam einmal das Angebot, in Ägypten zu unterrichten, sie fragte mich, was ich davon halten würde. „Gehen Sie nur hin, es wird Ihnen so gut gefallen!", war mein Ratschlag. Als sie dann nach ein paar Jahren von dort zurückkam, stand sie eines Tages mit einem riesigen Blumenstrauß in der Hand vor meiner Türe. Sie bedankte sich, denn sie hatte die schönste Zeit ihres Lebens dort.

Die Ägypter sind äußerst stolz auf ihre Geschichte. In der Schule besuchen die Kinder jedes Jahr die Pyramiden. Es ist einfach beeindruckend, besonders für Touristen. Nicht umsonst gehört es zu dem beliebtesten Urlaubsland. Es gibt immerhin zwei Weltwunder dort: Den Leuchtturm von Alexandria und die Pyramiden. Durch das Klima sind die Tempel und Monumente hervorragend erhalten. Mit einer einzigen Reise kann man aber nicht alle Sehenswürdigkeiten erforschen.

Hätte mir jemand als junge Frau gesagt, dass ich Ägypten irgendwann einmal verlassen würde, hätte ich nur gelacht und gedacht: „Niemals!"

Tanzen bei jeder Gelegenheit

6. Der Sprung vom Hilton zum Sheraton

Das Hilton Hotel lag direkt am Ufer des Nils. Egal, ob ich an der Rezeption oder im Büro arbeitete, ich konnte immer wunderbar die Nilpromenade sehen. Mein Arbeitsplatz war überhaupt ein Traum. Die Lobbylounge wurde täglich wunderschön frisch geschmückt. Bei dem Anblick der farbenfrohen Blumen ging mir das Herz auf.

Das Hilton war in allen Bereichen sehr luxuriös. Es war ja auch ein fünf Sterne Hotel. Ich traf etliche Hollywood Stars. Zum Beispiel hatte ich an Weihnachten ein wunderbares Gespräch mit dem Schauspieler Robert Taylor- aber nicht nur mit ihm: Auch mit Marlon Brando oder Gina Lollobrigida hatte ich phantastische Unterhaltungen. Ich bekam unsagbar viele Autogramme. Das beste allerdings, was mir dort mit Stars passierte, war das Treffen und die Fotos mit Mohammed Ali oder Cassius Clay, wie er zu Beginn genannt wurde. Als er mir die Hand gegeben hatte, dachte ich nur „Oh mein Gott". Er war so groß, ich war so klein.

Auch bekannte Firmen wie Lancôme oder Dior kamen oft und haben uns an der Rezeption immer wieder tolle Geschenke oder Kosmetikproben gebracht. Könige aus Saudi-Arabien schliefen ebenfalls im Hilton. Hatte man sich gut benommen, dann bekam man natürlich gutes Trinkgeld und auch Geschenke. Einmal schenkte mir ein Saudi eine halbe Liter Flasche von dem berühmten Parfum Madame Rochas. Ich konnte mein Glück damals nicht glauben. Wir Angestellte waren wirklich dort glücklich und auch ein bisschen verwöhnt.

Jeden Abend kam eine Bauchtänzerin in den Night-Club des Hotels. „Ich muss wissen, was sie heute trägt". Jeden Abend freute ich mich, nach oben zu gehen und zu schauen, welches ausgefallene Kostüm sie wohl dieses Mal anhaben würde.

Ach, es gab so viele unglaubliche Begegnungen.

So kam eines Tages die Schriftstellerin Genevière de Villemorain zu uns als Gast. Diese Frau hatte sich bei uns in einen Amerikaner verliebt, aber sie war mit einem Franzosen verheiratet. Sie schickte ihren Ehemann kurzerhand heim, damit sie sich mit ihrem Geliebten heimlich treffen konnte. Jedes Mal gab es mit den Rechnungen der beiden für uns Probleme, denn sie hatten natürlich zwei Zimmer gebucht, damit nichts herauskam. Und wir hatten jedes Mal unsere Arbeit herauszusortieren, wer welche Rechnung auf welches Zimmer bekam. Es musste ja alles diskret laufen.

Lustig war auch ein englisches junges Paar. Das werde ich nie vergessen: Das junge Paar konnte sich das Hotel eigentlich nicht leisten, aber es gefiel ihnen so gut bei uns. So haben die Beiden spontan ihre bei uns gebuchten drei Tage auf zehn verlängert. Als dann die Rechnung kam, ist der Ehemann bald durchgedreht. Er hatte kaum noch einen Cent zum Zahlen in der Tasche gehabt.

Da kam er auf die Idee, Nacktfotos seiner hübschen Frau zu machen und diese über einen Taxifahrer vor unserer Lobby zu verkaufen. Als das Management davon erfuhr, wurde die Botschaft informiert. Nacktfotos im prüden Ägypten, unfassbar.

Gegenüber meines Büros gab es einen Flower-Shop, der Besitzer war Fouad, ein sehr sympathischer Mann. Er lebte früher lange in Amerika, aber er kam gerne wieder nach Ägypten zurück. Wir tauschten uns dann über dies und das aus. Durch seine Erfahrungen im Ausland war er eine spannende Persönlichkeit.

56

Wir mochten uns sehr. Besonders seinen Abenteuern in Amerika lauschte ich gerne.

Als ich hörte, dass das Sheraton fertig war, wurde mir klar, dass ich meine Beziehungen spielen lassen musste, um dort genommen zu werden. Es war bekannt, dass das Sheraton niemanden vom Hilton übernehmen wollte. Ich überlegte, wer als „Vitamin B" gehen würde. Das Sheraton lag neben der russischen Botschaft, in einem schönen Viertel. Eines Tages sah ich durch Zufall, wie Fouad sich mit einem der Personal-Manager aus dem Sheraton unterhielt. Ich wartete und ging dann zu ihm. „Jetzt lass mal deine Beziehungen spielen. Du musst mir bitte helfen, ich will ins Sheraton!", erklärte ich ihm ganz unverblümt. Ich bat ihn, dass er mir zu einem Vorstellungsgespräch verhelfen solle. Natürlich hatte ich hierfür auch gleich meine ganzen Bewerbungsunterlagen schon dabei. „Ich bin etwas ganz Besonderes. Das weißt du! Ich kann viele Sprachen. Sag den Leuten dort, ich bin bereit, das Personal in Französisch und Englisch zu unterrichten", erklärte ich ihm selbstbewusst. Nach vier Jahren im Hilton, wusste ich ja, worauf es ankommt und hatte viel Erfahrung.

Im Winter war ich sehr schlimm erkältet und konnte nicht arbeiten. Mit Grippe lag ich im Bett, genau da kam plötzlich ein Telefonat vom Sheraton. Ich solle in der nächsten Stunde zum Vorstellungsgespräch kommen, der kanadische Manager wäre zufällig anwesend und er wollte dabei sein.

„Geben Sie mir bitte etwas Zeit", bat ich erschöpft. „Maximal eine Stunde haben Sie!", war die knappe Antwort.

Ich sprang aus meinem Bett und versuchte, mich schön herzurichten. „Wie willst du dich denn so schnell fein machen?", fragte meine Mutter besorgt. „Das ist egal Mama, ich habe nichts zu verlieren.", antwortete ich und ging völlig selbstsicher in das Gespräch.

So saß ich dann vor drei Managern und wir redeten über die Arbeit und das mögliche Gehalt. „Wir nehmen Sie beim Wort, Sie bekommen die Anstellung, wenn Sie das Personal unterrichten." Ich war einerseits stolz, dass ich genommen wurde, andererseits etwas enttäuscht. Das Sheraton öffnete zu Beginn nämlich nur 200 Zimmer und ich bekam kaum mehr Gehalt als im Hilton. Meine Eltern ermutigten mich dennoch und meinten: „Sei geduldig, es kommen noch bessere Zeiten." Das hat sich dann auch später bewahrheitet.

Januar 1970 fing ich dann an, dort zu arbeiten. Der Weg zum Hotel war weit und das Taxi teuer. Ich war deprimiert, weil mir auch die netten Gäste aus dem Hilton fehlten. Das Klientel des Sheratons war leider nicht mehr so vornehm und berühmt, wie ich es gewohnt war.

Es kamen kaum Gäste, das Hotel war leer, es war so langweilig. In dieser Zeit hatte ich einen zaghaften Briefwechsel mit Tadros, aber ich nahm das nie so ernst.

Meine Freundin Iris aus Innsbruck schimpfte mich: „Du machst einen riesigen Fehler. Tadros fragt immer nach dir. Er ist eine gute Partie und du schreibst ihm nur ab und zu."

„Dann sag ihm, er solle mich nach Deutschland einladen, wenn er mich näher kennen lernen will. Ich brauche die Einladung für die Reiseerlaubnis.", erklärte ich ihr.

Iris überzeugte mich immer mehr, dass es gut sei, wenn ich Urlaub nehme und nach Deutschland käme. Sie wusste ja auch, dass ich im Sheraton nicht richtig glücklich war. Lieber eine gute Familie als ein schlechter Job, war ihre Meinung. Und mich packte auch schon wieder mein Fernweh und die Abenteuerlust.

58

Durch meine Position im Sheraton kam ich leicht an das Visum und buchte mir sogleich ein Flugticket nach Frankfurt. Dabei riskierte ich meinen Job als Front Office Supervisor, denn ich flog an Weihnachten, ohne groß nach Urlaubserlaubnis zu fragen. Ich freute mich so sehr, Deutschland kennenzulernen. Ich war ja noch nie dort gewesen. „Das wird ein super Weihnachten.", dachte ich. Ich wusste ja nicht, wie kalt es zu dieser Jahreszeit in Europa ist und hatte nicht annähernd genug warme Kleidung mit für diese Temperaturen. Aber es wurde trotzdem noch ein wunderbarer Urlaub, wie sich herausstellen sollte.

Hilten 1965

7.Die Verlobung

Ich landete am 20 Dezember 1970 am Frankfurter Flughafen. Dort angekommen, rief ich sogleich Tadros an, der mittlerweile in Alzey in der „Engel- Apotheke" arbeitete. „Ich schlafe heute Nacht im Hotel und fahre morgen früh gleich zu Iris und Nabil. Sie wohnen in Kronach in der Nähe von Bamberg. Wenn du mich sehen willst, musst du dort hinkommen.", stellte ich klar. „Nach Alzey willst du etwa nicht kommen? Willst du mich denn gar nicht besuchen?", fragte er enttäuscht. Ich versprach ihm, dass wir dies alles in Ruhe klären würden.

Nach ein paar Tagen kam er uns tatsächlich in Kronach besuchen, denn über Weihnachten hatte er zum Glück kurz Urlaub. Als Iris ihm die Türe öffnete und den riesigen Blumenstrauß in Tadros´ Hand sah, rief sie gespielt empört: „Oh was bringst du uns denn hier Blumen an. Hättest du nur einen Salat dabei, Salat ist zur Zeit so teuer." Wir mussten alle so lachen.

Tadros kam erst abends an und hatte im Gegensatz zu uns noch nichts gegessen. Iris bot ihm an, ein Brot zu machen. Aber Tadros erklärte, dass er mit mir alleine essen gehen wolle, damit wir in Ruhe ein bisschen reden könnten. Wir saßen in einem gemütlich regionalen Gasthof und es war brechend voll. Es war Weihnachtszeit. Die Leute aßen glücklich zusammen, es wurde getrunken, gesungen und gelacht. Ich fühlte mich, als sei ich im Paradies gelandet. Das hatte mir so gut gefallen.

„Du hast also schon gegessen? Möchtest du wirklich nichts?", fragte Tadros mich. „Doch! Doch! Ich würde schon noch etwas nehmen.", erklärte ich eifrig. „Soll ich dann für dich etwas bestellen?", fragte er weiter. Er wusste ja, dass ich erst ein paar Tage in Deutschland war und natürlich die Karte nicht verstand.

62

Tadros bestellte kurzerhand für jeden von uns „Schweinebraten mit Klößen und Rotkraut". Dinge, die ich überhaupt nicht kannte. Als er fragte, ob ich auch einen Wein trinken würde, war meine Antwort: „Natürlich, gern!"

Er mochte meine Offenheit und Ehrlichkeit. Das gefiel ihm, doch er selbst war ganz schön nervös. Ich sah sogar, wie seine Hände begannen zu zittern. Ich habe das alles hingegen locker gesehen. Als das Essen kam, redete er immer weiter. Doch ich hörte kaum zu, sondern machte mich mit Heißhunger über das Essen her. Nach zehn Minuten war der ganze Teller leer. „Na, du hast ja einen riesigen Appetit, soll ich dir vielleicht noch eine Portion bestellen?", fragte er erstaunt. Ich erklärte, dass es dann doch reichen würde. Ich dachte mir, dass zwei Abendessen an einem Tag genügend seien.

Als wir fertig waren, sagte Tadros mir ohne viel Umschweife, dass er mich besser kennenlernen möchte: „Und das will ich alleine. Schlepp mir nicht immer deine Freundin mit an, wenn wir uns treffen. Sag Iris, dass ich morgen früh ein Taxi schicken werde, und dass wir beide den Tag zusammen verbringen."

Oh, das hat mir ja so sehr imponiert. Es hat mich beeindruckt, dass er so eine bestimmende Persönlichkeit war, die genau zu wissen schien, was sie wollte. Er war von Anfang an offen zu mir.

Wir haben einfach zusammengepasst. Der Tag war so schön mit ihm und mir wurde klar, dass ich mit diesem Mann mein Leben verbringen kann.

Tadros ging sogleich zu Iris und Nabil und erklärte stolz, dass wir heiraten würden. Er schlug vor, dass er mich mit nach Alzey nehmen wolle, damit ich sehe, wie er lebt. Außerdem könnten wir dann auch gleich nach passenden Ringen schauen. Ich sage ja, er war ein Mann der Taten.

Anschließend wollte er mit mir wieder zurück nach Kronach kommen, so dass wir allesamt unsere Verlobung feiern konnten. So fuhren wir mit dem Zug abends in die Volkerstadt. Wir wollten gemeinsam Silvester verbringen. Natürlich schlief er, wie es sich für einen echten Gentleman gehört, in der Apotheke und ich übernachtete in seiner Wohnung.

Ich erinnere mich noch genau: Über Nacht hatte es unheimlich geschneit. Alles war weiß. Als ich am Morgen zu meinem zukünftigen Ehemann laufen wollte, hatte ich völlig die Orientierung verloren. Alles sah so anders unter dem Schnee aus. Nach einer knappen halben Stunde wurde ich nervös, weil ich merkte, dass ich mich hoffnungslos verlaufen hatte. Zum Glück traf ich auf einen sehr netten Briefträger, der englisch sprechen konnte und mir anbot, mich mit ins Zentrum zu nehmen. Wer weiß, wo ich sonst gelandet wäre.

„Woher kommen Sie eigentlich und was machen Sie denn hier so?", fragte mich der Postbote. Als ich ihm alles erklärte, rief er: „Ja, Ihren Verlobten, den kenne ich! Ich bringe Sie direkt zu ihm!"

Tadros wartete schon auf mich und war mehr als irritiert, als er sah, dass ich mit dem Briefträger ankam. „Was machst du denn nur?", fragte er. Da musste ich ihm kleinlaut gestehen, dass ich mich verlaufen hatte. Und er lachte herzhaft. Nachdem ich ihm alles erklärt hatte, schickte mein fürsorglicher Tadros mich erst einmal zum „Sauer". Ich sollte mir in dem bekannten Modegeschäft sofort warme Kleidung besorgen. Mein mitgebrachtes Outfit war alles andere als wintertauglich, das sah er sofort.

64

Am Neujahrestag fuhren wir dann mit den Ringen im Gepäck wieder nach Kronach zurück und wollten unsere Verlobung feiern. Iris schlug vor, dass wir am nächsten Tag nach Coburg fahren sollten, denn dort würde es einen großen Ball geben. Dies sei das richtige Ambiente für solch einen Freudentag, fand sie. Ich rief meine Eltern an und teilte ihnen meinen Entschluss mit, dass Tadros mein zukünftiger Ehemann werden sollte. Mein Vater und meine Mutter vertrauten mir und wussten, dass ich sowieso eigenständig meine Entscheidungen treffe. „Du kannst ihn natürlich heiraten. Aber du musst erst nach Ägypten zurückkommen. Du kannst nicht einfach heiraten und gehen, ohne deine Arbeit ordentlich zu kündigen", ermahnte mich mein Vater.

Wir feierten also in Coburg. Es war ein wunderschöner Abend. Leider gibt es kein einziges Verlobungsbild. Dabei hatten wir sie damals schon bestellt. Aber Nabil war zu geizig, wieder für uns dorthin zu fahren und sie abzuholen. Und das, obwohl wir es so mit ihm ausgemacht hatten.

Ich hatte Glück, dass meine Eltern für diese Zeit schon so frei und offen waren, denn ich hatte mit meinem Mann eine sehr gute Wahl getroffen. Er war so fürsorglich und großzügig, immer aufmerksam. So etwas imponiert natürlich einer Frau. Und ich versuchte, ihm im Gegenzug jeden Wunsch von den Augen abzulesen.

Tadros' Arbeitsgeber, Herr Höfling, sagte später zu meinem Mann: „Herr Youssef, Sie haben mehr Glück als Verstand mit dieser tollen Frau." Als Sonntagskind hatte ich ebenfalls wieder einmal großes Glück, denn von der Entscheidung an, Tadros zu heiraten, begann eine wunderbare Zeit für mich.

Als ich ins Sheraton wieder zurückkam, sollte ich Ärger bekommen, weil ich unerlaubt Urlaub genommen hatte. Das war mir aber egal. Ich teilte den Managern mit, dass ich sowieso nur noch drei Monate bleiben würde, denn im April sollte unsere Hochzeit stattfinden- und dieser fieberte ich schon freudig entgegen.

Verlobung in Alzey
1970

Alzey, Dezember
1970

68

8.Hochzeit und Beginn eines neuen Lebens

Als ich wieder nach Hause kam, war die Freude unsagbar groß, als meine Familie den Verlobungsring an meiner Hand sah. Ein Ring hat im Orient eine ganz besondere Bedeutung, denn ein Ring ist quasi so bindend wie eine halbe Hochzeit.

Alle fragten: „Wann kommt denn endlich dein Verlobter, wir wollen ihn kennenlernen." Unsere Familien kannten sich bisher ja nicht. Tadros' Verwandte lebten im Süden, wir im Norden. Zum Glück war ich so abenteuerlustig gewesen und nach Innsbruck gereist, sonst hätten Tadros und ich uns wohl nie kennengelernt.

Die Familie meines zukünftigen Mannes war eine wohlhabende Bauernfamilie mit viel Grundbesitz und lebte zirka 400 Kilometer von Kairo entfernt. Ihr Name war bekannt. Zwei Cousins meines Mannes hatten einen guten Ruf in Kairo: Einer war ein berühmter Frauenarzt und der andere ein erfolgreicher Ingenieur, der Militärmaschinen entwickelte.

Tadros kam nach 13 Jahren Studium am 19. April 1971 in Kairo an. „Ich komme erst wieder, wenn ich meinen Magister der Pharmazie tatsächlich in der Hand habe.", so hatte er es immer zu seinen Eltern gesagt und sich auch daran gehalten. „Du kommst überhaupt nicht wegen uns, sondern nur wegen deiner Hochzeit!", klagte seine Mutter. Während der Studienzeit hatte Tadros keine Zeit und kein Geld zum Reisen. Er musste erst einmal Deutsch lernen und es gab etliche Schwierigkeiten bei diesem schweren Studium in Österreich, die er meistern musste.

Es war Ostern, und zu dieser Zeit einen Termin zum Heiraten zu bekommen, war schwer. Denn Christen heiraten ja nicht an Ostern, und wollen alle danach dann sofort einen Termin.

Mein Vater hatte zum Glück gute Beziehungen und wir haben einen tollen Termin am 2. Mai abends um 19 Uhr in der koptischen Kirche Mary Morhus in Heliopolis bekommen.

In Ägypten wird eine christliche Hochzeit anders als in Deutschland gefeiert. Die Verwandten und Freunde kommen alle in die Kirche. Es ist offen, jeder kann kommen, der will. Alle Gäste machen sich sehr schick und gehen zu der einstündigen Vermählungsfeier, danach einfach wieder heim. „Das ist so traurig, wir machen uns immer alle so schön und dann ist die Hochzeit immer so schnell vorbei. Warum gibt es keine Feier?", fragte ich traurig.

„Das ist viel zu teuer.", sagte mein Vater. Er fand, es reicht, wenn wir uns an die französische Tradition mit den Bonbonieren halten würden. Diese wurden jeweils mit etlichen Dragees und einer Praline in der Mitte befüllt. Die Bonbonieren sind ein Symbol für den Wohlstand der Familie und werden nach der Trauung an alle anwesenden Gäste am Kircheneingang verteilt. „Nein, das reicht mir nicht. Ich will eine Feier nach der Kirche haben! Die Leute kommen extra von so weit her, alle werden schick sein. Egal wie, es wird gefeiert!", widersprach ich meinem Vater.

Ich ging deshalb gleich zum Sheraton-Hotel und fragte, wie ich dort eine Feier organisieren könnte. Ich kannte den zuständigen Manager gut, er war ein alter Bekannter, und er machte mir ein phantastisches Angebot: „Nun gut, du zahlst für 120 Gäste, einladen darfst du aber so viele du willst." Ich sagte „Ja.". Ich war schon immer ein Glückskind.

Mein Mann wusste nichts von diesem tollen Deal. Als ich Tadros abends stolz berichtete, dass wir nach der Trauung ein großes

Fest haben werden, bekam er Angst: „Mein Gott, wie soll ich denn sowas bezahlen?"

„Als Angestellte vom Hotel habe ich viele Vorteile und einen Sonderpreis bekommen. Mein Vater und ich werden das bezahlen", beruhigte ich ihn und war sehr stolz.

Tadros' Bruder, Makram Youssef El–Atcha, wollte am liebsten das ganze Dorf, aus dem die Familie stammte, einladen. Aber Tadros fand das mehr als übertrieben und erlaubte maximal 20 Besucher von dort. Es gab deshalb Streit, aber Tadros setzte sich durch. Das war gut, denn die kulturellen Unterschiede wären doch zu groß gewesen.

Dann kam der große, ersehnte Tag: Die Hochzeit war traumhaft. 400 Gäste kamen, beinahe hätten die Bonbonieren nicht gereicht. Aber zum Glück blieb ein kleiner Teil übrig, den wir mit nach Deutschland nehmen und dort Tadros' Freunden überreichen wollten. Wir alle waren fein gekleidet und feierten den ganzen Abend. Es war eine grandiose Stimmung.

Es war geplant, dass wir nur für zwei Jahre nach Deutschland gehen. Ich sollte die europäische Mentalität kennenlernen, Tadros wollte arbeiten und ich freute mich, dass ich eine weitere Sprache lernen sollte.

Meine Eltern waren damit einverstanden, da sie glaubten, dass wir bald zurückkehren würden. Sonst hätten sie unseren Umzug nach Deutschland mit Sicherheit nicht zugestimmt.

Meinem Vater brach dennoch das Herz, als er mich ziehen lassen musste. Ich war sein Liebling, er trauerte sehr und bekam einen Herzinfarkt, als ich weg war. Meine Familie hatte mir extra nichts verraten, damit ich mir keine Sorgen machte und mein junges Eheglück genießen sollte. Am 13 Mai 1971 landete ich in Deutschland, und lebte mich schnell ein und verließ Alzey

71

seitdem nicht mehr. Nur um Urlaub zu machen, sind wir weggefahren und als mein Enkelsohn Jakob 2011 geboren wurde, war ich für sechs Wochen von Alzey entfernt. Das war das erste Mal so lange, dass ich nicht in Alzey war.

Als es meinem Vater besser ging, schlug meine Mutter vor, dass er sich erholen und uns in Deutschland besuchen sollte. Mein Vater kam dann im Juli 1971. Tadros hatte durch die Mitgliedschaft im Kegelclub viele Freunde gefunden. Familie Seibel hat uns in ihre Familie aufgenommen. Manfred und Heide Seibel haben mir sehr geholfen, dass ich mich nicht lange fremd in Alzey fühlte. Und auch zu meinem Vater waren sie sehr herzlich. Der ganze Kegelclub lud ihn zu verschiedenen Aktivitäten ein.

Karl Sipp nahm meinen Vater zum Beispiel zu einer Briefmarkenbörse mit. Mein Vater freute sich ungemein, er war ein leidenschaftlicher Sammler. Und obwohl die beiden Männer sich nur mit Händen und Füßen unterhalten konnten, hatten sie einen herrlichen Tag zusammen. Besonders glücklich war mein Vater, dass er seine zufällig mitgebrachte Briefmarke für 120 DM verkaufen konnte. Zur Feier des Tages waren wir dann alle gemeinsam im Hotel Krause essen. Wir haben es uns schön gemacht, wir besuchten die umliegenden Städte, waren in Bonn in der Botschaft und genossen unser Beisammensein.

Mein Vater lernte extra Deutsch am Goethe-Institut, um mit Karl Sipp in Briefkontakt bleiben zu können.

Als wir einmal spazieren gingen, sagte ich schwärmend zu ihm: „Weißt du Papa, ich liebe Alzey. Es ist hier wie in Heliopolis."

„Ich bin so froh, mein liebes Kind, dass dir anscheinend nicht klar ist, wie klein Alzey im Vergleich ist", lachte White El - Masry.

72

„Wieso klein?", fragte ich verwirrt. Als mein Vater mir erklärte, dass die Stadt gerade einmal 16000 Einwohner hatte, war ich wirklich erstaunt. Heliopolis hatte zu dieser Zeit ca. drei Millionen.

„Und trotzdem vermisse ich hier nichts", stellte ich glücklich fest.

Wir kannten zwar eine ägyptische Familie hier in Alzey, waren auch befreundet. Aber ich lernte nichts von der deutschen Kultur durch sie. Sie halfen uns unser Heimweh zu vergessen, doch ich wollte Neues lernen. Freunde und Nachbarn erkannten unsere Bemühungen von Anfang an. Sie honorierten, dass mein Mann und ich versuchten, von ihnen zu lernen. Ich wollte die Sprache lernen, ebenso die deutsche Lebensweise. Ich wusste, dass die Deutschen pünktlich, ordentlich und sauber sind. Diese positiven Eigenschaften wollte ich auch verinnerlichen und ebenfalls wie sie meinen Alltag meistern. Wir hatten Glück, dass wir unheimlich viele hilfsbereite Freunde hatten. So fiel uns die Integration in Deutschland nicht schwer.

Ich hätte einen Sprachkurs bei einer pensionierten Lehrerin machen können. Doch als ich hörte wie alt sie war, sagte ich: „Nein Tadros, das geht doch nicht! Ich will mit jungen Leuten zusammen sein!". Tja, und heute bin ich 76 Jahre alt und unterrichte selbst immer noch.

Ich hatte durch den jüngsten Bruder von Familie Seibel, der noch Student war, Nachhilfe in Deutsch. Abends trafen wir uns gerne mit ihm und seiner Frau, und ich versuchte immer deutsch mit ihnen zu reden- auch wenn es anfangs nur kurze Sätze waren.

Ich liebte schon immer das Witze erzählen. Menschen sollen lachen, das ist meine Lebensphilosophie. Aber meistens lachten sie in meiner Anfangszeit nicht über die Pointen, sondern über meine Ausdrucksweise. Aber das störte mich nie. Ich lachte einfach mit.

Zuhause sprachen wir immer nur arabisch, wenn wir unter uns waren. Auch die Kinder lernten zuerst arabisch. Aber ich gab sie sehr früh in den Kindergarten, so dass sie schnell fehlerfrei die deutsche Sprache lernten. Ich las ihnen deutsche Kinderbücher vor, nahm an Bastelnachmittagen im Kindergarten teil und lernte dadurch besser die deutsche Sprache.

Integration war uns allen wichtig. Daher war ich besonders stolz, als wir eines Tages die Einladung des Bürgermeisters zum Jahresempfang bekamen. „Ich bin nach der Arbeit müde. Ich mag mich da nicht auch noch schick anziehen.", meinte Tadros. „Aber du musst! Wir sind jetzt integriert!", entschied ich bestimmt. Ich habe den Abend so sehr genossen. Wir gehörten jetzt wirklich dazu.

Eines Tages kam Dr. Scholz, der Direktor des Aufbaugymnasiums, zu meinem Mann in die Apotheke und erkundigte sich, was ich denn so machen würde. „Sie ist dabei Deutsch zu lernen." Der Direktor wollte wissen, was ich früher gemacht hätte und Tadros erklärte ihm, dass ich Sprachen studiert habe. „Oh das ist ja grandios. Meinen Sie, Ihre Frau könnte als Vertretung an unsere Schule kommen?", fragte Dr. Scholz. Es war nur für ein paar Wochen geplant, so dass ein Lehrerausfall überbrückt werden konnte.

„Nein, ich bin doch noch in den Flitterwochen! Ich bin selbst noch am Deutsch lernen und nicht bereit zu arbeiten", rief ich empört. Mein Vater, der noch da war, mischte sich sogleich energisch ein: „Hedy, du bist doch kein Dummchen und nicht auf den Kopf gefallen! Wenn du so eine phantastische

74

Möglichkeit bekommst, dann nutze sie gefälligst auch! Geh dort hin und schau, was sie von dir wollen."

Hochzeit in Heliopolis, Kairo
1971

Von links: Cousine mit Ihrer Tochter, Tante René, meine Mutter Isis, Oma Frühstück und Tante Nelly

9.Die Anfangsjahre in Alzey

Ich war ja schon immer für jedes Abenteuer, das mir das Leben bot, zu haben und bin dann tatsächlich einfach zum Aufbaugymnasium gegangen. Das Bewerbungsgespräch führte ich in Englisch.

Ich sah meinen beruflichen Neubeginn als neue Möglichkeit, und begann am 15. Juli dort Englisch und Französisch zu unterrichten. Ich hatte wieder einmal Glück, denn ich fühlte mich am Aufbaugymnasium sofort wohl. Die Schüler waren alle sehr nett und lieb zu mir, ebenso das Lehrerkollegium. Mich packte mein Ehrgeiz und ich gab mein Bestes, damit meine Schüler gut unterrichtet wurden.

Einziges winziges Problem für mich war zu Beginn, dass in den 70er Jahren ja fast alle lange Haare hatten. Ich wusste oft nicht, ob ein Junge oder Mädchen vor mir war. Aber auch daran gewöhnte ich mich schnell.

Ich unterrichtete in Englisch und Französisch sehr langsam und gründlich, dadurch verbesserten die Schüler ihren Notendurchschnitt und hatten wieder viel Spaß am Unterricht. Für diesen Erfolg bekam ich sogar ein Zertifikat von der Bezirksregierung.

„Sie haben uns überzeugt. Ihr Unterrichtskonzept gefällt uns sehr und die Schüler mögen Sie alle. Wenn Sie möchten, können wir Ihren Vertrag auf ein Jahr verlängern.", erklärte mir Herr Gauweiler, der zuständige Sprachlehrer vom Aufbaugymnasium. Ich war überglücklich über das Angebot und ergriff die Chance beim Schopf, obwohl ich zu dem Zeitpunkt schon schwanger war.

Ich liebte die Arbeit mit den Jugendlichen und hatte engen Kontakt zu ihnen. So gab es beispielsweise eine Schülerin aus

Bingen, die in Alzey im Internat lebte. Das Mädchen war sehr nett und es tat mir leid, dass sie unter der Woche so oft alleine war. Daher lud ich sie gerne zu mir nachmittags nach Hause ein. „Komm und mach deine Hausaufgaben bei mir", bot ich ihr an. Damit es etwas gemütlich dabei war, hatte ich auch meistens Kuchen und Kaffee da. Ihre Eltern besaßen in Bingen eine große Gärtnerei. Als sie von unseren gemeinsamen Nachmittagen erfuhren, wollten sie mir Geld als Dank geben. Das lehnte ich aber ab und so bekam ich immer wieder wunderbare Grünpflanzen und Blumen von ihnen geschickt. Mein grüner Daumen ließ damals noch sehr zu wünschen übrig und ich überwässerte die fremden Pflanzen leider damals recht schnell kaputt. Bis zum Ende ihres Abiturs hatte die Schülerin und ich regelmäßig Kontakt.

Eine weitere schöne Begebenheit war der Kontakt zu dem Schüler Udo Reichmann. Er war damals 18 Jahre alt und wollte einmal alleine auf Reise gehen: „Frau Youssef, ich träume schon seit meine Kindheit von den Pyramiden, ich will nach Ägypten! Meine Bruder arbeitet bei der Lufthansa und kann mir problemlos ein Ticket besorgen. Kann ich nicht einfach zu ihrer Familie nach Ägypten?" Er fragte ohne viel Umschweife, ob meine Familie ihn nicht für die Dauer seine Aufenthalts aufnehmen könne. „Du hast Glück, mein Bruder Karim wird auch bald 17 Jahre alt. Er würde gerne Deutsch lernen. Denn er will mich hier besuchen kommen.", antwortete ich. Ich fragte meine Eltern, was sie davon hielten. Da sie schon immer gastfreundlich waren, war ihre Antwort: „Selbstverständlich kann der junge Mann kommen und hier so lange leben, wie er will!"

Gesagt, getan. Udo hatte eine wundervolle Zeit in Ägypten. Mein Bruder hat ihn vier Wochen lang überall mithin genommen und er genoss die Zeit so sehr. Deshalb fragte Udo, ob er auch im nächsten Jahr wieder kommen dürfe, vielleicht sogar mit seiner Freundin Carmen. Meine toleranten Eltern erlaubten dies und es entstand eine enge Freundschaft über Jahre zwischen Udo und meinem Bruder Karim.

1972 wurde mein Sohn geboren und meine Mutter kam extra für zwei Monate angereist, um mich zu unterstützen. Doch dann sagte sie: „Wenn du jedes Jahr ein Kind bekommst, werde ich aber nicht kommen! Du musst jetzt aufpassen!"

Es kam, wie es kommen musste: Ich wurde nach sieben Monaten wieder schwanger. Um die Familien in Ägypten nicht zu beunruhigen, entschieden wir uns, dass wir erst einmal niemandem etwas davon erzählen wollen. 1973 fuhr Udo mit seiner Carmen wieder zu meinen Eltern und ich ermahnte ihn eindringlich: „Wehe, du erzählst ihnen dort etwas von meiner Schwangerschaft!" Er blieb wie versprochen verschwiegen. Als unsere Tochter Susanna dann geboren war, schrieben wir dies unseren Verwandten mit der Erklärung, dass alles gut lief und wir alle wohlauf seien. Familie Laila, die ebenfalls aus Ägypten stammte und Familie Seibel haben mich in dieser Zeit besonders viel unterstützt.

Als meine Tochter sechs Wochen alt war, packte ich sie und meinen Sohn und wir fuhren als kleine Familie im September 1973 das erste Mal nach Ägypten. Es war leider ein anstrengender erster Urlaub. Ich blieb mit den Kindern bei meiner Familie. Mein Mann fuhr zu seiner Familie in den Süden.

Unsere Kinder haben nur geweint, sie konnten nur schwer mit dem heißen Klima umgehen. Trotzdem freute sich meine Mutter sehr, denn sie hatte meine Tochter ja noch nie gesehen. Mein Sohn und Susanna waren ihre ersten Enkel.

80

Die einzige Freude, die wir in diesem Urlaub hatten, war dass Manfred Seibel zufällig zur selben Zeit in Ägypten war. Wir luden ihn abends ins Sheraton ein, denn ich wollte ihm zeigen, wo ich früher gearbeitet hatte. Besonders die phantastische Show im Night-Club wollte ich ihm zeigen. Es war der einzige Abend, an dem Tadros und ich ausgehen konnten. Wir kamen am Hotel an, die Männer legére in Jeans und Hemden gekleidet. Als ich den Manager, ein früherer Kollege von mir, traf, war die Überraschung groß. Wir begrüßten uns freudig. „Was wollt ihr denn hier?", fragte er mich. Ich erklärte ihm, dass wir unserem deutschen Freund die Show zeigen wollen. „Oh, aber doch nicht in so! Ihr könnt doch nicht nur mit Hemden hierherkommen. Ihr braucht einen schickeren Dress mit Sakko!", rief mein alter Kollege geschockt. Ich bat ihn, dass er uns aushelfen soll. „In Ordnung, ich schaue, dass ich zwei Sakkos herzaubere. Damit geht ihr dann schnell an den Tisch, den ich euch zuweisen werde.", antwortete er. Manfred war begeistert, er nahm das Sakko und ließ es den ganzen Abend über stolz an. Mein Mann hingegen, ließ es nur über die Schulter hängen.

Gerade einmal eine Woche nach unserer Rückkehr nach Deutschland war wieder der Krieg zwischen Israel und Ägypten ausgebrochen. Die Grenzen wurden dicht gemacht. Wären wir länger geblieben, hätten wir Ägypten nicht verlassen können. Vier Wochen war der Flughafen zu. Mein Mann hätte mit Sicherheit seine Arbeit verloren. Wir hatten wieder einmal Glück gehabt.

Ich war zu dieser Zeit Hausfrau und hatte mich ganz auf meine beiden Kinder konzentriert. 1974 verließ Tadros die „Engel-Apotheke" und wechselte nach Flonheim zur „Bären- Apotheke". Ich hatte zum Glück einen Führerschein und fuhr

81

meinen Mann täglich mit den Kindern auf der Rückbank hin und zurück.

10.Der Hauskauf

1975 überlegte mein Mann, dass wir in Ägypten wieder neu anfangen könnten. Ich war ja für Abenteuer offen und hatte zu Beginn auch nichts dagegen. Also fuhren wir wieder im September zu meiner Familie. Ich freute mich sehr, allerdings war ich auch traurig. Meine Tante Bahga verstarb leider kurz vor unserer Ankunft und ich konnte nicht zu ihrer Beerdigung.

Es war wieder ein anstrengender Urlaub. Ich sollte mit Tadros nach Oberägypten fahren. Sein Cousin, Dr. Fausi El Acha, war Arzt und wollte in El Menia ein großes Ärztehaus bauen. Die Idee war, dass dort auch eine Apotheke hineinkommen sollte und Tadros war am Überlegen, diese zu übernehmen. Ich war das erste Mal mit den Kindern im Süden Ägyptens. Mein Vater war von diesem Projekt rein gar nicht begeistert. „Der Süden ist nicht kultiviert genug! Das dauert noch ewig, bis dieser Abschnitt zivilisiert ist. Wir zogen extra vom Land in die Stadt, damit ihr als Kinder ein schönes Leben bekommt und jetzt willst du dort mit Tadros wieder hin? Ihr werdet dort niemals glücklich!", war sich mein Vater sicher.

Und er hatte recht: Ich war geschockt, wie groß der kulturelle Unterschied zwischen Kairo und dem Süden war. Ich fühlte mich dort nicht wohl, konnte nicht essen und fiel sogar das einzige Mal in meinem Leben in Ohnmacht. Es war ein Kreislaufkollaps.

Tadros erkannte, dass dies kein Ort für uns war und beschloss, dass wir zurück nach Deutschland gehen und dort in Ruhe über alles reden sollten. Er war schon traurig, denn es immer sein Traum, dass er selbstständig werden würde. Ich versuchte ihn zu trösten und sagte, dass mein Vater so viele gute Kontakte in

Kairo hat, dass wir dort irgendwann eine eigene Apotheke übernehmen können.

„Mein liebes Kind, bleibt so lange in Deutschland wie ihr könnt. In Ägypten wird es immer schwieriger eine Zulassung zu bekommen", riet mir mein Vater.

1976 bekam ich wieder die Chance eine Lehrervertretung für vier Monate am Gymnasium am Römerkastell zu übernehmen. Das war ein riesiger Erfolg für mich. Ich unterrichtete die siebte und neunte Klasse in Französisch. Ich bekam durch die Bezirksregierung ein weiteres Stellenangebot nach den vier Monaten. Leider war die freie Stelle in Bingen. „Das geht nicht Hedy. Du kannst mich nicht mit den beiden Kindern hier den ganzen Tag alleine lassen. Außerdem bräuchten wir dann noch ein Auto", meinte Tadros. Ich musste also leider absagen. Aber dafür habe ich viel Nachhilfe zu dieser Zeit geben können.

1977 wurde unser Mietvertrag in der Dautenheimer-Landstraße gekündigt. Wahrscheinlich waren wir zu laut, wir hatten oft und viel Besuch. Das gefiel unserer Vermieterin nicht.

Die Wohnung war sowieso für uns zu klein. Besonders dann, wenn unsere Familienmitglieder zu Besuch kamen. Wir hatten immer ein offenes Haus und Besuch war stets willkommen.

Zum Glück waren Tadros' Kegelbrüder hilfsbereit. Sie halfen uns, eine neue Bleibe zu finden. Es gab im Ochsenklauer ein schönes Haus, aber die Miete dafür war einfach zu hoch. „Warum wollt ihr mieten? Ihr könntet doch auch ein Haus kaufen und einen Kredit abzahlen, statt das Geld für die Miete ausgeben"; schlug uns Paul Geerlings vor. Er wusste, dass ein Haus in der Rodensteinerstraße zum Verkauf stand. Die Idee, ein eigenes Haus zu haben, hat uns schnell gut gefallen.

Paul Geerlings und mein Mann kannten den zuständigen Makler Lippert. Paul hatte schon vorher etliche Informationen über das Haus gesammelt. Das Haus war von Pfarrer Wallbaum. Der Sohn des Pfarrers wohnte noch in der Nähe. Wir hatten gehofft, dass wir das Haus direkt über ihn kaufen könnten, um so die Maklergebühren zu sparen, aber er bestand darauf, dass alles über Lippert lief.

1977 besichtigten wir es zum ersten Mal und waren geschockt, wie stark es heruntergekommen war. Es musste alles von Grund auf renoviert werden, dafür bekamen wir einen fairen Preis. An unserem Hochzeitstag 1977 kauften wir unser Haus. Der Flieder blühte prächtig und ich dachte mir: „Das ist ein gutes Omen!"

Ich wusste, es wird ein Abenteuer mit sehr viel Arbeit werden, aber ich wusste auch, dass es sich lohnen wird!

Der Spruch über dem Hauseingang hat uns immer gut gefallen:

„Unser die Sonne,

Unser die Erde,

Unser der Weg in das blühende Land,

Dass eine glückliche Menschheit werde,

Reiche dem Bruder der Bruder die Hand."

Während der Renovierungsarbeiten durften wir noch eine Weile in der Wohnung bleiben. Es war finanziell eine schwere Zeit, schließlich mussten wir neben dem Kredit auch Miete und die Kosten für die Renovierung tragen.

Mein Mann ging arbeiten, ich war auf der Baustelle und wir bekamen enorme Unterstützung von Tadros´ Kegelbrüdern. Sie halfen uns, wo sie konnten. Sie gaben uns Möbel, halfen beim Tapezieren. Sie waren einfach für uns da.

Mein Onkel aus England war zu dieser Zeit in Ägypten zu Besuch bei meinen Eltern. Mein Vater und er unterhielten sich über unseren Hauskauf. Sie freuten sich beide riesig für uns und entschlossen sich, uns finanziell unter die Arme zu greifen. Sie schickten uns Dollar, damit ich uns Möbel für ein neues Schlafzimmer kaufen konnte. Mein Vater scherzte: „Richte ja nur den Garten schön her. Ich komme euch bald besuchen. Und wenn ihr euch viel Mühe gebt, bekommt ihr noch mehr Geld von mir." Leider verstarb mein Vater aber am 18. Juni 1977 mit nur 64 Jahren an einem Herzinfarkt.

11.Aufregende Zeiten

1977 zogen wir endlich in unser neues Zuhause. Wir waren so glücklich und stolz darauf, was wir in der kurzen Zeit auf die Beine gestellt hatten.

Doch plötzlich verfinsterte sich unser Glück: Wir bekamen völlig unerwartet Schwierigkeiten mit der Arbeits- und Aufenthaltserlaubnis.

Durch den Hauskauf hatten wir nicht darauf geachtet, dass wir unsere Aufenthaltserlaubnis wieder einmal verlängern mussten. Man musste nämlich alle vier Jahre einen neuen Antrag stellen.

Tadros gab bei der ausländischen Behörde schnell unsere Pässe ab. Kurz darauf kam aber ein Brief, der uns deutlich machte, dass wir nicht länger bleiben konnten, nur weil wir jetzt ein Haus gekauft hatten. Mehr als acht Jahre sollten wir keine Erlaubnis bekommen. Es hieß, wir hätten jetzt ein Jahr Zeit, das Haus zu verkaufen und wieder nach Ägypten zu ziehen. Wir waren am Boden zerstört. Eine Welt brach für uns zusammen.

Tadros suchte einen Anwalt auf, aber wir bekamen folgende ernüchternde Worte: „Deutschland ist kein Auswanderungsland. Wenn Sie auswandern möchten, müssen Sie nach Amerika." Der Anwalt machte uns keine Hoffnung, in Deutschland bleiben zu können.

Die Kegelclubbrüder gaben uns etliche Tipps, wo wir uns schlau machen konnten, sie gaben uns Kontakte zu Politikern. Sie setzten alle Hebel in Bewegung, wie sie konnten. Auch Tadros' Chef aus der Flonheimer Apotheke schrieb einen Brief an die Behörden, der uns helfen sollte. Dr. Lenz erklärte darin, wie schwer es ist, Angestellte im Pharmazie-Bereich zu finden, er lobte Tadros' Fleiß und garantierte, ihn weiter zu beschäftigen.

Und wieder einmal hatten wir Glück, wir bekamen die weiteren vier Jahre durchgesetzt. Es ist kaum zu beschreiben, wie sehr wir erleichtert waren.

Wir fanden heraus, dass man nach 12 Jahren Aufenthalt das Recht auf unbefristete Aufenthaltserlaubnis und dadurch sogar das Recht auf die Einbürgerung bekommt.

Als wir hierfür zur ausländischen Behörde kamen, erklärten wir, dass wir uns selbst verteidigen möchten und erklären, weshalb wir in Deutschland bleiben wollen. „Wir können gut deutsch sprechen, Sie müssen uns nur anhören. Wir wollen keinen Anwalt!", erklärte Tadros. Mein Mann war der Überzeugung, dass wir nicht bleiben können, wenn sie uns nicht nehmen, wie wir sind. „Als meine Frau als Aushilfslehrerin gebraucht wurde, waren wir sofort da. Ich arbeite hier. Ich leiste etwas! Apotheker sind in Deutschland zur Zeit Mangelware. Wir wollen unsere Dienste an unsere Mitmenschen weiter anbieten!" Diese wahren und direkten Worte von Tadros haben gesessen. Unsere Verteidigungsstrategie, nämlich ehrlich zu sein, hat uns geholfen. Nach 12 Jahren Aufenthaltsgenehmigung bekamen wir nun das Recht auf die deutsche Staatsbürgerschaft. Mein Mann hatte immer noch den Traum, eine Apotheke selbstständig führen zu können. Er machte sich auch all die Jahre darüber schlau, aber er bekam immer nur zur Antwort, dass dies nur für Deutsche möglich sei. Ausländer können einfach keine Apotheke besitzen. Doch mit der Möglichkeit der Deutschen Staatsbürgerschaft, rückte sein Traum ein Stückchen näher.

1979 wurde meine zweite Tochter Nancy geboren. Leider konnten weder meine Mutter noch meine Schwestern zur

Unterstützung kommen. Aber mein Bruder Karim hatte zum Glück geschäftlich im Europa zu tun und bot mir Hilfe an. Er wohnte bei uns und kümmerte sich viel um meine beiden großen Kinder. Er nahm sie mit zum Spielplatz oder ins Schwimmbad, so dass ich für meine Jüngste etwas Ruhe hatte.

Eines Tages wollte ich aber in der Stadt Schulbücher bestellen gehen, und mein Bruder sollte nach dem Baby schauen. Nancy wurde mit der Flasche aufgezogen und ich erklärte Karim alles, worauf er achten musste.

Als das Baby schlief, machte ich mich auf den Weg. Kaum war ich fort, wurde Nancy natürlich wach und schrie vor Hunger. Mein Bruder stürzte in die Küche und beeilte sich, eine Flasche für sie zu machen. Doch anstatt frisches Wasser für das Milchpulver zu nehmen, nahm er die Mischung mit dem Flaschensterilisationsmittel Milton, das schon vorbereitet da stand. Nancy hatte die ganze Flasche mit der Milch und dem verdünnten Sterilisationsmittel getrunken. Als ich heimkam, schlief sie fest. „Es lief alles ganz bestens! Ich habe sie sogar gefüttert.", freute sich Karim. Er erklärte mir, wie einfach das alles war und zeigte mir, was er für das Fläschchen verwendet hatte. „Du hast doch nicht etwas das Milton-Sterilisationsmittel dazugetan?", schrie ich aufgeregt und stürzte sofort panisch ans Telefon, um mit Tadros zu reden. Er sagte, dass ich nach Nancy schauen soll und er werde in der Vergiftungszentrale anrufen und fragen, was zu tun sei. Dort wurden wir beruhigt, dass es bei solch einer geringen Dosis nicht sonderlich gefährlich sei. Wir sollten das Kind nur gut beobachten und darauf achten, dass sie viel trank.

Nach dem wir alle den Schock überwunden hatten und sahen, dass es keinen Schaden für das Baby gab, lachte mein Bruder und meinte: „Warte nur ab, das Kind wird jetzt wegen mir besonders groß und kräftig. Das Milton hat Wunder bewirkt."

12.Die Zeit der Einbürgerung

Wir warteten sehnsüchtig auf die Einbürgerung. Der Wunsch nach Selbstständigkeit und nach der Gewissheit, bleiben zu dürfen, wurde immer größer. „Falls das doch nicht klappt, gehen wir eben doch nach Ägypten", stellte Tadros klar. Mein Mann und ich hatten leichte Meinungsverschiedenheiten, was die Rückkehr nach Ägypten anging. Er wäre gerne irgendwann wieder in die alte Heimat. Er vermisste die gelassene, ruhige Mentalität der Ägypter. Ich hingegen genoss das Leben in Deutschland: die Freiheit, keine Krisen und die möglichen Unterstützungen, wenn man sie brauchte. Ich war auch froh, mit Kindern in einer Kleinstadt zu leben, wo sie zu Fuß in die Schule laufen konnten. In Kairo wäre das nicht möglich gewesen. Da hätte man sogar über ein Internat nachdenken müssen. Das wollte ich nicht. Ich wollte mit meinen Kindern zusammen leben.

Dadurch, dass wir die Konflikte mit den Behörden wegen der Aufenthaltsgenehmigung hatten, merkten wir, dass wir Alzey zu lieb gewonnen hatten, um zu gehen. Wir lernten zu schätzen, was wir hier hatten. So kämpften wir und freuten uns unsagbar, als wir die Nachricht bekamen, dass wir uns einbürgern lassen können.

„Dem einen Glück, dem anderen Pech": 1981 wurde die damalige Französisch-Lehrerin an der Volkshochschule krank und ich ergatterte dadurch die Chance zu unterrichten. Zwei Mal in der Woche war ich nun abends dort und gab Kurse. Tagsüber hütete ich unsere Kinder. Ich war so stolz und glücklich darüber.

Es folgte eine angespannte Zeit. Mein Mann wurde nervös, weil wir unsere Pässe von der Behörde nicht zurückbekamen. Wir waren nun gut 12 Jahre in Deutschland und hatten schon den Brief bekommen, dass wir eingebürgert werden können.

Wir fanden heraus, dass man in Ägypten erst nach Abgabe der ägyptischen Staatsangehörigkeit seinen Namen in der nationalen Zeitung veröffentlichen lassen musste. Erst dann, nach diesem erbrachten Beweis, konnten wir einen deutschen Pass erhalten. Mein Schwager, der Anwalt, half mir mit den ägyptischen Behörden, denn ich bin mit den Kindern an Ostern alleine nach Kairo geflogen.

Die deutsche Botschaft in Kairo bestätigte also die Abgabe unserer ägyptischen Staatsangehörigkeit durch die Zeitung und schrieb nach Bonn. Nun stand unseren deutschen Pässen endlich nichts mehr im Weg.

Für die Einbürgerung damals musste mein Mann ein Monatsgehalt an die Behörde zahlen. Zudem lernten wir die wichtigsten Daten der deutschen Geschichte und die deutsche Nationalhymne.

Am 6. Juli 1983 wurde dann unsere Einbürgerung in einem sehr feierlichen Rahmen abgehalten. Sie fand in der ausländischen Behörde von Alzey statt und ich war erstaunt, wie bewegend schön es war. Wir waren so glücklich und stolz, dass Tadros uns sofort am nächsten Tag zum Fotografen mitnahm. „Heute machen wir ein schönes Familienfoto als deutsche Familie.", freute er sich.

Mit dem deutschen Pass in der Hand fühlten wir uns wie Millionäre, so glücklich waren wir darüber.

Meine Familie merkte, dass wir hier etwas erreicht haben und freute sich mit uns, auch wenn klar war, dass wir nun hier bleiben würden.

13.Der Weg zur Selbstständigkeit

Nun begann für uns die Suche nach einer geeigneten Apotheke. Wir waren nahezu jedes Wochenende in einer anderen Stadt. In Rockenhausen gab es ein Angebot, aber das war leider eine Nummer zu groß für uns. Eine Drogerie sowie ein Haus mit Schwimmbad, das konnten und wollten wir uns nicht leisten. Wir wollten nicht wegziehen, fanden aber auch keine geeignete Apotheke in Alzey. Tadros durchforstete immer wieder die pharmazeutische Zeitung und hoffte, etwas Gutes zu finden. Gefallen hätte uns eigentlich eine Apotheke in Gaggenau. Aber die Lage war nicht gut. Sie war zu weit weg von der Fußgängerzone. Wir hätten dort keine Chance gehabt.

Wir fuhren viel in Deutschland herum, während wir suchten. Ich schrieb unzählige Briefe mit der Schreibmaschine, um Besichtigungstermine zu bekommen.

Eines Tages war Tadros mit unserem Steuerberater in Osnabrück und besichtigte dort die „Sonnenapotheke". Strahlend kam er abends zu mir und sagte: „Endlich habe ich das Richtige gefunden! Wir müssen umziehen!"

Ich war so unglücklich über den Gedanken hier wegzumüssen. „Gib mir noch eine Chance. Es sind noch zwei Briefe unbeantwortet. Vielleicht finden wir ja doch noch eine passende Apotheke hier in der Nähe.", bat ich ihn.

Unser Steuerberater unterstütze uns bei unserer Suche und er vereinbarte eine Besichtigung in Saulheim. Wir fuhren aufgeregt zu dritt dort hin. Die Apotheke sollte in einem alten Edeka-Markt entstehen und auf eigene Kosten umgebaut werden. Das Architekten-Büro Sonne plante den Umbau und Tadros dachte sich: „So will ich sie nennen: Sonnenapotheke!"

Es war eine schwere Entscheidung, ob wir das finanzielle Risiko auf uns nehmen sollten. Wir hatten das Haus glücklicherweise schon abbezahlt, und ich unterstütze meinen Mann so gut ich konnte. Ich liebte ja schon immer das Abenteuer und war mir sicher, dass wir das schaffen werden.

1984 fing der sechswöchige Umbau an. Immer wieder kam die Bezirksregierung, um den Umbau zu überprüfen. Mein Mann haderte viel mit sich, denn wir waren ja fremde Leute in Saulheim und er trug ein hohes finanzielles Risiko für unsere Familie. Einer meiner guten Charakterzüge war schon immer optimistisch und couragiert zu sein. Ich habe nie an dem Unterfangen gezweifelt und war sicher, dass alles gut wird.

Auch wenn uns davon abgeraten wurde, feierten wir am 14. Dezember die Eröffnung groß. Tadros schaltete extra eine Anzeige in der Zeitung dafür. Wir hatten nicht mit der großen Menge an Gästen gerechnet. Wir bekamen ein Meer an Blumen überreicht. Die Saulheimer merkten schnell, dass Tadros bei allen beliebt ist. Trotzdem lebten wir in der ersten Zeit nahezu ausschließlich von Alzeyer Kunden, die sich extra für uns auf den Weg nach Saulheim machten. Freunde, Nachbarn unterstützten uns unsagbar.

Dennoch waren die ersten Jahre sehr schwer. Der Gewinn war niedrig, die Schulden hoch und ich musste viel mitarbeiten, um Kosten für Angestellte einzusparen.

Ich gab mein Bestes, aber im darauffolgenden Jahr war ich gesundheitlich sehr angeschlagen und wurde schwer krank. Es war zu viel für mich: Die Kinder, der Haushalt, die Sorgen und Arbeit in der Apotheke sowie mein Job an der Volkshochschule. Ich war kurz davor, für lange Zeit im Krankenhaus zu landen.

Mein Arzt bestand darauf, dass ich von nun an kürzer treten musste. Tadros stellte sofort jemanden ein. Von nun an blieb ich zu Hause bei den Kindern und arbeitete nur noch an der Volkshochschule.

Meine Mutter kam im Juli 1985 für zwei Monate nach Deutschland, um mich zu unterstützen. Leider verstarb sie im Januar 1986 an einem Herzinfarkt. Da brach eine Welt für mich zusammen.

Im Juni 1986 machten wir endlich wieder Urlaub in Ägypten. Ich wollte zu meinen Geschwistern, um mit ihnen zusammen die Trauer über den Verlust unserer Mutter zu bewältigen. Nun waren wir endgültig erwachsen geworden. Trotz Trauer waren wir froh, dass wir uns alle wieder sehen konnten.

Ein Jahr später bekamen wir Besuch Dr. Eduard Khalil und seiner Familie aus der USA. „Der Besuch meines Cousins ist die Gelegenheit. Sag′ ihm nur, dass es schon immer dein Traum war, einmal nach Amerika zu reisen.", meinte Tadros.

Eduard war sofort einverstanden, uns bei sich für einen Urlaub aufzunehmen und uns das Land zu zeigen. In der Apotheke ging es immer weiter bergauf. Es kamen immer mehr Kunden zu uns und 1988 waren wir finanziell wieder so gut aufgestellt, dass mein Mann sagte: „Jetzt können wir die Reise antreten!"

Welch ein Abenteuer: Unser erster Urlaub außerhalb von Ägypten mit der ganzen Familie. Vier Wochen waren wir in Amerika. Es war phantastisch für uns alle. Meine Tochter Susi bekam die Chance, ihren 15. Geburtstag in Las Vegas im Caesars Palace zu feiern.

Wir waren im Disney-Land und fuhren durch ganz Kalifornien, von Los Angelas nach San Diego.

Die Ehefrau Eduards war dankbar, dass wir da waren, denn sie musste für Prüfungen nach Spanien reisen. Durch meine Anwesenheit wusste sie, dass sich jemand um ihre Kinder kümmern würde. So hatte ich plötzlich fünf Kinder, die ich umsorgen musste, aber das hat mir viel Freude bereitet.

1989 kam der Leiter des katholischen Zeltlagers, Joachim Adam, auf mich zu und bat mich um Hilfe. Ich sollte mit einem Zeltplatz in Frankreich telefonieren, um dort das nächste Zeltlager zu organisieren.

Er staunte, über mein sicheres Auftreten und meine Sprachgewandtheit und fragte, ob ich nicht mitfahren wolle. „Ins Zeltlager aber bitte nicht. Wenn wir eine Hotelunterkunft finden, liebend gern!", lachte ich.

Diese Chance wollte ich für mich und meine Familie ergreifen. Die Fahrt ging nach Südfrankreich. Es gab für Tadros, Nancy und mich eine günstige, schöne Pension in der Nähe des Strandes von Socoa. Meine beiden großen Kinder gingen stattdessen ins Zeltlager.

Es war einer der schönsten Urlaube für uns. Mein Mann und Pfarrer Sturm waren ein Herz und eine Seele. Die Kinder waren glücklich und wir genossen das französische Flair in vollen Zügen. Morgens war es sonnig warm und wir spazierten durch einen pittoresken Pinienwald, kamen dann am Campingplatz an und verbrachten dort eine schöne Zeit mit der Jugend. Besonders schön, war das ausgiebige Brunch am Morgen.

Sie Sonnen Apotheke in Saulheim

1985

14. Die Liebe zu den Partnerstädten

Nach der Einbürgerung bekamen wir eines Tages 1983 eine Überraschung. Wir wurden zum feierlichen Festakt der Jubiläen der Alzeyer Partnerstädte eingeladen: 20 Jahre Harpenden und 10 Jahre Josselin. Anfangs war mein Mann nicht so begeistert, doch die überaus gelungene Veranstaltung in der Aula des Gustav-Heinemann-Schulzentrums hat uns beiden dann doch sehr gut gefallen.

Als wir zu Hause waren, sagte ich zu Tadros: „Die beiden Partnerstädte liegen in Frankreich und England, genau meine Sprachen. Ich gehe gleich morgen zur Stadtverwaltung und biete an, dass wir Austauschgäste bei uns aufnehmen können und wollen. Was meinst du?" Tadros ließ mich gewähren. Er wusste, wie ich das Abenteuer liebe, den Austausch mit Menschen, und auch er war immer gastfreundlich.

Im Mai 1984 ging ich das erste Mal zum Englisch-Stammtisch in der Stadthalle. Dort sollte ich Leute kennenlernen, die auch im „Club der Freunde von Harpenden" sind. Ich hinterließ meine Adresse und Telefonnummer dort und bot an, dass ich gerne Gäste bei uns zu Hause aufnehmen kann. Ich ging von da an regelmäßig zum Englisch- Stammtisch und lernte liebe Freundinnen kennen. Ulla Wülk, Hedda Marg, Pamela Thomann und ich sind seitdem befreundet.

Am Winzerfest 1984 kam dann unser erster Gast aus Harpenden. Er war so ein Gentleman, dass man ihn für einen Lord halten konnte. Er brachte seinen Enkelsohn Jeremy mit nach Alzey. Der Junge sah so attraktiv wie ein Schauspieler aus. Als sich das rumsprach, hatte ich plötzlich jeden Abend ein paar Mädchen bei mir, die mit ihm auf das Fest gehen wollten. Es war ein angenehmer Besuch, ich kochte für alle, und seitdem hatten wir viele Besucher aus Harpenden aufgenommen.

1992 kamen dann noch Gäste aus Josselin hinzu.

Für uns selbst gab es zu Beginn erst Mal keine Möglichkeiten mitzureisen, aber das störte uns nicht.

Durch Ulla Wülk lernte ich Rozenn le Moëlle aus Josselin kennen. Sie war zwei Jahre älter als Susi. Ich nahm sie öfter mit zu Ausflügen und Aktivitäten, so dass die Mädchen gemeinsam Zeit verbringen konnten. 1992 kam Rozenn für ein Praktikum in der Volksbank nach Alzey und sie genoss wieder die Zeit mit meiner großen Tochter und uns zu verbringen.

Im selben Jahr fuhren Tadros und ich das erste Mal für ein längeres Wochenende nach Harpenden, und wir genossen dort sehr unsere gemeinsame Zeit.

1993 gab es erneut einen großen Festakt zu den Jubiläen. Dieses Mal wurde ich gefragt, ob ich die Festreden schriftlich übersetzen könnte. Denn live zu übersetzen dauerte immer zu lange. Daher kam die Idee auf, eine Broschüre für die Gäste anzufertigen. Nach dem Festakt wurden wir mit mindestens 200 Leuten in die Riedbachhalle nach Weinheim zum Essen eingeladen. So viel gutes Essen und Trinken für so viele Gäste konnte ich mir vorher nicht vorstellen. Während dieses Abends lernte ich auch Rozenns Eltern Alain und Elyane le Moëlle kennen. Von da an entstand eine innige Freundschaft zwischen uns.

Auch dieser Abend war wieder herrlich. Die französischen Gäste holten ihre Akkordeons heraus und spielten Lieder, die typisch für die Bretagne sind. Wir tanzen ausgelassen. Die Engländer waren im Gegensatz dazu eher zurückhaltend.

An Pfingsten 1995 war unsere erste Reise nach Josselin- nur Tadros und ich. Es war eine lange Busfahrt. Das war anstrengend, aber wir waren bei ganz lieben Gastgebern unter-gebracht. Wir aßen abends alle zusammen und feierten wunder-bare Feste. So führte ich mit einer Französin abends einmal Bauchtanz vor. Die ausgelassene Mentalität und Freude am Le-ben hat uns schon immer gut gefallen. Wir bekamen tolle Se-henswürdigkeiten und aufregende Ausflüge geboten. So fuhren wir einmal nach Pont – Aven. Ich werde nie vergessen, wie ein-drucksvoll diese Stadt mit ihren wundervollen Bildern berühm-ter Impressionisten war. Alles stand dort im Zeichen der Kunst. Besonders gut gefiel mir auch die Teilnahme an der Messe dort. Jeder, der mitfuhr, sollte an einem Weinstand für zwei Stunden aushelfen und Weine des Stadtweingutes verkaufen. Viele fan-den das lästig, für mich war es aber das reinste Vergnügen.

Wir fuhren auch in die Hafenstadt nach Concarneau und be-staunten die vielen schönen, großen Fischerboote im Hafen. Concarneau ist ein bedeutender Name für Fischkonserven. Rei-sen nach Josselin waren immer ein schönes Erlebnis. Wir waren auch in Quiberon am Meer und machten dort herrliche Spazier-gänge am Strand.

Wir hatten immer Glück mit dem Wetter, wenn wir Ausflüge machten. Wir fuhren nach Carnac und Finistère. Besonders be-eindruckend war eine Bootsfahrt am Golf von Morbihan, wäh-rend der wir dem Austern-Fischen zusehen durften.

In Alzey hielt ich über die ganze Zeit Kontakt zu Marcel und Marie-Therese Lucas sowie zum Ehepaar Le Moëlle. So hörte ich, dass sie uns gerne privat besuchen wollen, da auch ihnen die Busfahrt zu anstrengend und beschwerlich war. Sie kamen mit dem Zug für ein verlängertes Wochenende hierher. Ulla Wülk und ich überlegten uns ein schönes Programm für sie.

Die Tochter des Ehepaars Lucas, Miriam, war traurig, dass sie nie mitkommen konnte. Sie war damals schon Lehrerin und musste während der Fahrten leider immer arbeiten. Die Besuche fanden stets außerhalb der Schulferien statt.

Miriam war eine Freundin von Rozenn und es schnell kam die Idee auf, dass sie doch einfach zusammen in den Sommerferien einmal zu Besuch kommen könnten. Rozenns Eltern kamen ebenfalls mit. Sie wohnten bei Ulla Wülk, die jungen Frauen hingegen waren bei mir untergebracht.

Es war immer ein offenes Haus bei uns. Gäste waren stets willkommen. Die gemeinsamen Essen und Abende halfen uns sehr, dass die Integration von uns so geglückt ist.

Und nun zu der Reise nach Harpenden mit meiner jüngsten Tochter: 1996 fuhr ich alleine mit Nancy nach Harpenden. Wir wohnten bei einer reizenden Familie, die eine große Affinität zu Ägypten hatte. Der Ehemann Michael war eine Zeit in Ägypten als Soldat stationiert gewesen und freute sich, mit uns über seine Zeit dort austauschen zu können. Jill, seine Frau, stellte fest, dass wir die besten Gäste gewesen seien. Wir teilten unsere Liebe zu Ägypten und Liebe zur Musik, so ist es kein Wunder, dass wir bis heute noch eine tiefe Freundschaft pflegen.

In Jahr 2013 gab es wieder bedeutende Jubiläen: 50 Jahre Harpenden sowie 40 Jahre Josselin. Durch meine Erfahrung und die Kontakte zu „The Friendship-Force" und der Volkshochschule konnte ich helfen, dass fünf Familien sich bereit erklärten, Gäste bei sich auszunehmen.

Wie war ich geschockt, als ich keine Familie mehr auftreiben konnte, die noch weitere französische Gäste aufnehmen wollte. Also beschloss ich kurzerhand, dass die Franzosen bei mir

102

wohnen können. Meine Schwester Marlene war bei mir zu Besuch und half mir sehr.

Ich hatte nämlich nicht nur Arbeit mit dem Organisieren, sondern es stand auch der 40. Geburtstag von meiner Tochter Susi bevor. Der sollte groß gefeiert werden, nach dem Festakt zum Jubiläum kamen die Franzosen einfach mit in den Garten und wir feierten fröhlich weiter.

Es war stressig und ich musste mich danach ausruhen, aber ich wollte keinen der Besuche vermissen und denke gerne an die Zeiten zurück. Wie zum Beispiel an folgende Besuche:

Die „Freunde von Harpenden" beispielsweise kamen schon immer gerne zum Winzerfest. Einmal reisten knapp 10 Jugendliche im Alter zwischen 16 und 20 Jahren mit. Ich nahm gerne zwei von ihnen auf, da ich ja selbst Kinder hatte. Die Kids freuten sich bei uns zu sein, denn wir waren ja nur zwei Minuten vom Fest entfernt. Wir hatten täglich ein volles Haus. Tadros und ich waren auf der Weinprobe, wir liebten gute Weine. Um 19 Uhr merkte ich, dass der süße Wein mir wohl zu gut geschmeckt hatte und mir ganz schön in den Kopf gestiegen ist. „Tadros, du musst dich um die Mädchen kümmern, gib ihnen jeweils fünf Mark. Sie sollen sich eine Bratwurst oder so auf dem Fest besorgen. Ich kann jetzt nicht kochen", erklärte ich ihm. Ich legte mich ins Bett und ging schlafen. Ich hatte ein schlechtes Gewissen, dass ich mich nicht ordentlich kümmern konnte. Doch Susi sprang für mich ein und versorgte an diesem Abend unsere Gäste sehr gut.

Zu Besuch war auch einmal ein Mädchen aus Josselin. Sie sollte zweieinhalb Monate bei uns bleiben, um ein Praktikum im Museum sowie der Stadtverwaltung zu absolvieren. Sie hieß Cyrielle. Wir waren auf Anhieb ein Herz und eine Seele. Sie bekam die Gästewohnung im Keller. Es gab dort alle Annehmlichkeiten, wie ein Bad, Wohnzimmer und Schlafzimmer.

Ich musste eines Tages längere Zeit weg und hatte einfach die Kellertür abgeschlossen, so dass jeder von uns einen eigenen privaten und abgetrennten Wohnbereich hatte. Wie staunte ich, als ich eine bitterböse E-Mail von Nancy bekam: „Wie kannst du nur die junge Frau so alleine lassen und aussperren. Sie ist so lieb. Ich habe ihr aufgemacht und erklärt, dass sie sich überall im Haus ausbreiten darf!"

Ich musste Lachen, meine Tochter hatte ja recht. Die beiden Mädchen verbrachten viel Zeit miteinander und gingen gerne auf das Winzerfest. Als ich zurückkam, freute ich mich zu sehen, wie wohl sich Cyrielle bei uns fühlte. Es gefiel ihr so gut, dass sie fragte, ob sie noch einmal mit ihrer Mutter zu uns kommen dürfte. Das war für mich und meine Familie natürlich eine Selbstverständlichkeit.

Elyane und Alain Le Moelle aus Josselin
1996

Kulturamtsdirektor Volker Wagner mit seiner Frau Francoise
aus Josselin
2005

15.Hedy als Stadtführerin

Es sprach sich herum, dass wir Gastfreundschaft groß schrieben und auch meine Leidenschaft zur Sprache sowie Verbundenheit zu Alzey war bald bekannt. So kam es dann, dass ich 1991 gefragt wurde, ob ich die Stadtführung für Gäste aus Josselin in Französisch übersetzen könnte. Der Stadtführer erklärte die Sehenswürdigkeiten und ich übersetzte ihm alles.

So begann ich regelmäßig für Gäste aus Josselin und Harpenden zu übersetzen. Später kamen dann noch weitere Besucher aus anderen Städten mit hinzu. Allerdings wurden die Touren durch das Übersetzen natürlich auch immer länger. Das war anstrengend für alle. Mit der Zeit merkte ich: „Jetzt bist du soweit! Du kannst das auch alleine! Du musst doch nur noch die Daten lernen! Das wird ein Klacks."

Ich machte ein Seminar zur Stadtführerin und lernte fleißig dafür. Stolz ging ich zum Museum, wo ich selbstbewusst erklärte: „Ich mache die Stadtführung von nun an allein in Englisch oder Französisch." Ich liebte es und war begeistert. Es machte mir daher auch nichts aus, als ich an Weihnachten gebeten wurde, dass ich aushelfen sollte. Es kamen nämlich drei Busse aus Holland und ich sollte eine Gruppe davon übernehmen. So half ich spontan morgens am Heilig Abend aus und führte die Touristen in Deutsch durch die Volkerstadt.

An eine andere Begegnung erinnere ich mich auch noch gerne: Einmal führte ich französische Gäste, die in Gau-Odernheim untergebracht waren, durch die Stadt. Bevor sie in den Bus stieg, gab mir eine Frau am Ende eine 2-Franc Münze als Dankeschön. „Es hat mir so gut gefallen", sagte sie strahlend, und mir tat ihre Geste der Anerkennung unsagbar gut.

107

Dadurch, dass Tadros seine Apotheke in Saulheim hatte, lernte ich den Wanderverein Wiesbaden kennen. Dort waren viele Saulheimer Mitglied und auch ich trat dem Verein bei. Eines Tages bekam ich vom Leiter der Gruppe die Information, dass es einen Chor im Wanderverein gäbe, der gerne einmal nach Alzey kommen wolle. Es kam schnell die Idee auf, dass der Chor an der Stadtführung teilnehmen und anschließend während des Gottesdienstes in der Kirche singen könnte. Zum krönenden Abschluss sollte dann noch eine Weinprobe im Stadtweingut stattfinden.

Diese Stadtführung war eine ganz besondere für mich: An allen Stationen, an denen wir anhielten, stimmte der Chor ein Lied an. Pfarrer Resch, der den Chor in der evangelischen Kirche singen ließ, begrüßte die Idee sehr. Und auch das Stadtweingut war mehr als zufrieden. Die Gäste kauften wahnsinnig viel Wein ein. Während der Weinprobe dort, waren sie kein Kind der Traurigkeit. Es wurde fleißig getrunken. Ich hatte heimlich ein bisschen Angst, dass sie nicht mehr gerade stehen konnten. Aber alles ist gut gegangen und die Besucher kamen wieder sicher in Wiesbaden an.

Während des 50-jährigen sowie 40- jährigen Jubiläums mit den Alzeyer Partnerstädten 2013 hatte ich freitags nachmittags eine kleine Stadtführung für französische Gäste, die noch nie in der Volkerstadt waren. Am Samstag war dann der große, feierliche Festakt. Und Sonntagmorgen hatte ich gleich wieder eine Stadtführung. Dieses Mal für die Gäste aus Harpenden. Ich gab mir viel Mühe. Die Stadtführungen hatte allen gut gefallen und ich bekam als Dank neben einem Weinpräsent auch viele nette Dankesbriefe. Aber das Wochenende hatte mich sehr mitgenommen und viel Kraft gekostet. Ich war den restlichen Sonntag furchtbar erschöpft.

So schön es auch war, so merkte ich doch, dass nun die Zeit gekommen war, mit den Stadtführungen aufzuhören. Es wurde auf Dauer doch zu anstrengend für mich.

Aus diesem Grund entschloss ich mich meine ehrenamtliche Tätigkeit aufzugeben, obwohl ich die Stadtführungen so geliebt hatte.

Bei einer Stadtführung beim Schnatz von Kronenplatz

16.Hedy und „The Friendship-Force"

Der Kontakt zu „The Friendship – Force" begann 1989.
Meine Schwester Marlene und ihr Mann waren sechs Wochen im Sommer zu Besuch bei uns. Im Keller hatte ich extra ein Zimmer hergerichtet, so dass sie ihr eigenes Reich in dieser Zeit hatten. Das war sehr schön und besonders praktisch, da sie direkt vom Keller hinaus in den Garten konnten.
Eines Tages nach einer langen Regenzeit hatten wir leider einen Wasserschaden im Keller. Genau da kam der Anruf einer Freundin, die sich auch für Gästeaustausch engagierte, und sie bat mich, Leute bei uns aufzunehmen. „Wir bekommen eine Gruppe von 30 Leuten aus Australien vom Club 'The Friendship- Force'", erklärte sie. Ich musste ihr leider absagen, weil das Gästezimmer im Keller unter dem Wasserschaden gelitten hatte.
„Dann mach aber bitte `day-host'", bat sie mich. Ich sollte mir also überlegen, wie ich tagsüber ein paar der Reisenden unterhalten und verpflegen könnte. Wieder ein neues Abenteuer, dem ich mich gerne stellte. Ich sorgte tagsüber für vier bis sechs Gäste, machte ihnen Essen, half beim Übersetzen und organisierte eine Führung in Kirchheim-Bolanden. Ich übersetze diese live in Englisch. Es gefiel mir, dass ich dadurch die Möglichkeit bekam wieder neue Dinge zu lernen.
1990 kam dann eine Gruppe aus Iowa, es waren auch hier wieder über 30 Leute. Dieses Mal konnte ich einige bei uns aufnehmen und wir hatten ein tolles Programm. Es gab eine „Welcome-Party" im Schlosskeller, die ich von A bis Z organisiert hatte und es war eine phantastische Zeit. Die ganze Gruppe hatte dort Platz, ein Theaterstück vorzuführen. Der erste Abgeordnete der Stadt war anwesend und es gab ein reichliches Buffet für alle.

111

Für die Besucher war das Beeindruckendste aber, dass sie sich in einem echten Schloss befanden. Als das „Friendship-Force" Hauptquartier in Atlanta davon erfuhr, erwähnten sie uns in ihrer „Friendship-Force" Zeitschrift und überwiesen Geld für den Alzeyer Verein als Anerkennung und Dank.

1991 lernte ich Marie Schomer und Francis Höfle aus Florida, zwei Amerikanerinnen deutscher Abstammung, kennen. Wir verstanden uns so gut, dass sie uns sogar auch privat öfter in die USA einluden und dass unsere Tochter Nancy mit ihrer Freundin mitkommen durfte.

Ich nahm später an meiner ersten Stadtführung in Mainz teil. Marie, Francis und eine weitere Frau wollten gemeinsam mit mir die Tour machen. Im Anschluss wollte ich mit den drei Frauen zu mir nach Hause fahren, damit wir zusammen essen und die Zeit überbrücken konnten, bis das Abendprogramm in Alzey startete.

Ich hatte für meine Kinder ein Nudelgericht vorbereitet und für uns Frauen Pellkartoffeln und Heringe. Als wir zurückkamen, war aber alles leer. Meine Kinder hatten beide vorbereiteten Essen einfach aufgegessen und ich stand da mit leeren Händen vor meinen Gästen. Ich stürmte in die Küche und improvisierte schnell eine Kleinigkeit, die ich anbieten konnte. Erst wollte ich ja meine Kinder schimpfen, aber dann lachte ich und war froh, dass sie so gut gegessen hatten.

1992 kamen 28 junge Leute aus der ganzen Welt im Alter zwischen 16 und 22 Jahren zu uns nach Alzey. Sie nahmen am „Global-Institut-Programm" von „The Friendship-Force" teil. Es kamen Jugendliche aus Ägypten, Australien, Amerika und Südafrika.

Zwei Wochen lang waren sie bei Familien in Alzey untergebracht, gingen in die Schule und verbrachten anschließend eine Woche in einem Camp. Nancy war damals 13 Jahre alt und genoss den Trubel in vollen Zügen.

1993 wollten ein paar Alzeyer Jugendliche nach Iowa. Sie wollten am „Global-Institut-Programm" in der Hauptstadt Des Moines teilnehmen. Es gab nur ein Problem: Um den Kids diese Möglichkeit zu geben, brauchten wir einen offiziellen Club mit Vorstand etc.

So wurde im März 1993 ohne zu zögern „The Friendship-Force Rheinhessen" unter der Leitung von Hedda Marg gegründet. Der Vorstand funktionierte und arbeitete gut zusammen.

Es wurde eine Reise von drei Wochen für die Jugendlichen organisiert und sie konnten nun wirklich nach Iowa reisen. Die Einzige, die enttäuscht war, war meine Tochter Nancy. Sie hoffte so sehr auch mitreisen zu können, doch sie war noch zu jung.

Glücklicherweise sollte im Oktober die erste Reise für Erwachsene nach Iowa ermöglicht werden. Mein Mann musste arbeiten und konnte nicht mit. So fuhr ich kurzerhand mit Nancy dorthin. Wir beide hatten eine tolle Zeit dort zusammen und trafen viele alte Freunde. Zuerst waren wir in Des Moines. Im Anschluss daran fuhren wir nach Chariton. Wir lebten dort bei Ken und Cheryl Kline auf einem Bauernhof. Das war so unglaublich schön dort bei dem jungen Ehepaar, und wir besuchten sie seitdem noch gerne öfter auch privat. Wir hielten Kontakt, schrieben etliche Briefe sowie Karten und schickten den Kindern immer wieder Geschenke.

1994 gab es eine Reisemöglichkeit für die Alzeyer nach Japan. Tadros und ich konnten leider nicht mit, da wir zu dieser Zeit einen Urlaub nach Ägypten geplant hatten. Der Vorstand arbeitete schwer an dem Plan für den Austausch. Auf der Reise nach Japan sind wohl aber einige Dinge schief gelaufen.

Der Club stand davor, einen neuen Vorstand zu wählen. 1995 wurde ich zur ersten Vorsitzenden gewählt, oder wie die Amerikaner sagen, zur Präsidentin.

Sechs Jahre lang machte ich diese Arbeit sehr gerne mit viel Liebe und Hingabe zu dem Club und Alzey. Ich war immer bemüht, eine gute Verbindung aufrecht zu erhalten.

So führte ich ein, dass die Gäste an Stadtführungen teilnahmen, ins Stadtweingut geführt wurden und lud zu großen Weihnachtsfeiern ein, zu denen etliche Gäste aus aller Welt kamen.

Ich genoss diese Zeit mit den Reisen und Gästen immer sehr. Ich liebte den Austausch und die damit verbundenen Abenteuer einfach. Deshalb war ich auch stets bemüht, dass viele Gäste nach Alzey kamen. Ich gab etliche Führungen durch die Stadt und überlegte mir hierfür auch einen ganz besonderen Schwerpunkt und der hieß: „Einkaufen in Alzey". Ich wollte meine Heimatstadt durch die Gäste quasi finanziell unterstützen. Auf Mainzer Stadtführungen warnte ich immer scherzend: „Hier in Mainz sollten Sie nicht einkaufen. Hier ist alles so teuer. Schauen Sie lieber in Alzey."

Einmal kam eine Gruppe aus Iowa im Oktober und suchte Sommerkleider. Ich schnappte die zehn Frauen und ging mit ihnen in das Bekleidungsgeschäft „Weiss und Herrmann". Die Damen kauften das Lager fast leer. Ich musste beim Verkauf helfen, indem ich übersetzte und schaute, wie man die Währung tauschte. 1997 hatten wir eine Reise mit „The Friendship-Force" nach Australien. Dort besichtigten wir unter anderem eine Eliteschule. Zu der Zeit saßen schon damals die Schüler alle am Computer und lernten. Beeindruckt hatte mich aber mehr das riesige Plakat am Eingang der Bibliothek. Einsteins Zitat: „Imagination is more important than science." hatte schon immer große Bedeutung für mich. Man braucht auch Vorstellungskraft und Improvisationstalent im Leben, um weiterzukommen.

Wir waren auch eine Woche in Cairns und besuchten von dort aus das Great Barrier Reef. Welch unsagbar beeindruckendes Erlebnis das war, ist gar nicht zu beschreiben. Unsere „Day-Host"- Gastgeber waren ein Grieche, der mit einer Japanerin verheiratet war. Es fand ein reger interessanter Austausch zwischen uns statt. Besonders eindrucksvoll war der Tag, an dem unser Gastgeber uns zeigte, wie man Zuchtperlen gewinnt, er war nämlich Zuchtperlenhändler.

Von Cairns aus flogen wir nach Sydney, wo wir noch weitere faszinierende und liebenswerte Menschen von „The Friendship-Force" kennenlernten. Es war eine wunderbare Zeit, wir wohnten in schicken Gästewohnungen am Meer bei wohlhabenden Australiern.

1998 kam im Juli das erste Mal eine Gruppe aus Nairobi. Es waren neun Frauen und nur ein Mann, allesamt phantastische Leute. Die Damen besaßen alle eine eigene Boutique in Afrika und reisten mit leeren Koffern hier an, so dass sie so viel wie möglich einkaufen und mitnehmen konnten. Als Präsidentin betreute ich sie und nahm die Frauen mit zum „Adler", wo sie nach Herzenslust einkauften. Es würde mich nicht wundern, wenn sie gut 5000 DM dort gelassen hätten.

Der Mann interessierte sich nicht so für Kleidung, er war auf der Suche nach echten Birkenstock Sandalen. Also packte ich alle Gäste ein und fuhr mit ihnen zu einem Schuhgeschäft, wo sie sich allesamt begeistert mit den Sandalen eindeckten.

Das Wochenende, an dem die Gäste aus Nairobi anreisten, war ungewöhnlich kalt. Sie froren sehr, denn sie hatten für dieses Wetter keine passende Kleidung mit. Ich suchte Pullover meines Mannes für den Gast heraus und fragte herum, bis alle unsere Besucher warme Kleidung bekommen hatten. Die Leute von „The Friendship-Force" schenkten ihnen Anoraks, Pullover und Schals.

Bei der Stadtführung von Alzey, trug ich zufällig eine Art Trachtenjacke. Die Gruppe war hellauf begeistert und die Frauen wollten alle ebenfalls solch eine Jacke haben. Ich marschierte also mit den Damen zu „Wichmann", wo ich mir meine Strickjacke gekauft hatte. Und es gab dort zum Glück noch genug passende Trachtenjacken. Die Frauen waren so stolz und glücklich drüber.

Ich denke, dass ich etlichen Alzeyer Geschäften viele Kunden beschert habe.

Als mein Mann leider sehr krank wurde, musste ich den Vorsitz abgeben und war froh, dass Dr. Bernd Leutner aus Frankenthal seitdem den Vorsitz übernahm. Ich wurde Vizepräsidentin.

2003 verlor ich leider meinen geliebten Tadros und fiel in tiefe Trauer. Der Verlust meines Ehemannes machte mir schwer zu schaffen und ich war dankbar über die vielen Freunde, die ich hatte. Im Mai 2004 bekam ich einen überraschenden Anruf vom Präsidenten des „Friendship-Force" Vereins aus Pau in Frankreich. 1996 war ich einmal dort auf einer Europakonferenz gewesen und hatte sehr nette Leute kennengelernt. „Wir würden gerne mit 22 Gästen nach Alzey zu Ihnen kommen.", erfuhr ich. Ich war begeistert und rief sofort Dr. Leutner an, um ihm die tolle Neuigkeit mitzuteilen.

116

Doch er schien meine Begeisterung nicht teilen zu können: „Nein, das geht nicht. Wir haben dieses Jahr einfach zu viele Termine." Ich bekam wieder meinen alten Ehrgeiz zurück und meine Abenteuerlust erwachte endlich wieder: „Weißt du was? Ich bekomme die Leute alle auch alleine unter. Ich brauche dich nicht!", war meine kecke Antwort. Ich fing sofort an, die geplanten Gäste in meinem Bekannten- und Freundeskreis zu verteilen.

Dann kam ein offizieller Brief von „Friendship-Force" Pau, in dem stand, dass sie im September 2004 ein Jubiläum haben werden und luden den Rheinhessenclub als einzigen dazu mit ein. Unser Präsident war plötzlich doch begeistert von einem Besuch und wollte diese Chance unbedingt nutzen. Deshalb schlug er wohl auch vor, dass wir die 22 Besucher doch ruhig aufnehmen könnten- welch ein Sinneswandel.

Die Gäste aus Pau kamen im Rahmen des europäischen Programms und blieben fünf Nächte bei uns. Die Freunde, die mir halfen und ein paar Gäste aufnahmen, waren ebenfalls von diesem Besuch begeistert. Wir hatten alle enormen Spaß. Wir waren mit der ganzen Gruppe beim „Römer" essen und mischten das ganze Restaurant mit unserem Lachen auf. In der Gruppe waren wir sechs Witwen. Plötzlich rief eine von ihnen feierlich: „Meine Damen, es wird Zeit, dass wir uns einen neuen Partner suchen. Aber denkt dran: Er braucht chic, cheque und natürlich choc!" Die Franzosen brachen in lautes Gelächter aus, die Deutschen schauten irritiert. Wir mussten erst einmal aufklären, dass das bedeutet, dass ein Mann schick, reich und gut im Bett sein müsse. Es tat so gut, wieder einmal lachen zu können.

Die Franzosen sind Menschen, die das Lachen lieben und das Leben genießen- ich liebe ihre Mentalität. Die französische

117

Küche und Kultur sind einfach herrlich. In ihren Schulbüchern las ich einmal: „L`Allemagne pour la nourriture est zero. On ne mange que les pommes de terre et les saucisses- ils sont des pisse-vinaigre- ils mangent la choucroute tous les jours". Wie man sieht, haben die Franzosen einen negativen Eindruck von der Deutschen Küche. Ganz so falsch liegen sie nicht, denke ich mir manchmal.

2014 bekam ich die Chance durch „The Friendship-Force" alleine mit meinen 70 Jahren nach Kanada zu reisen. Ich wurde nach St. Catharines in Toronto eingeladen und wie ein Ehrengast behandelt. So schlief ich zum Beispiel in einem traumhaften Zimmer, das im viktorianischen Stil eingerichtet war. Besonders angenehm war auch, dass ich ein eigenes Bad hatte.

Ich hatte das Glück, auf dieser Reise die Niagara Fälle zu bestaunen zu können. Es ist kaum beschreibbar, wie beeindruckend dieser Ort ist.

Ich wurde in das Bernard-Shaw-Theater eingeladen. Wie habe ich mich auf diesen Abend gefreut. Allerdings hatte ich tagsüber eine hochinteressante und große Sightseeing-Tour gemacht und bin leider während der Vorführung plötzlich eingeschlafen. Zum Glück hatte das keiner bemerkt. Da ich aber unbedingt wissen wollte, wie das Theater ist, habe ich mir einfach zwei Videos davon gekauft und zu Hause in aller Ruhe angesehen.

St Catharines ist auch eine gute Weingegend und ich freute mich sehr, dass ich auf eine Weinprobe konnte. Wie habe ich gestaunt, dass dort Schokolade anstelle von Brot und Käse dazu gereicht wurde. Aber ich muss sagen, es hat mir sehr gut geschmeckt. Und wie ich sehen konnte, kam dieser Genuss nach und nach auch in unserer rheinhessischen Gegend an.

118

Ich flog nach zehn Tagen dann nach Iowa, wo ich meine Freunde Cheryl und Ken von „The Friendship-Force" besuchte. Cheryl hatte während meines Besuches zufällig ihr 50-jähriges Abitur-Jubiläum und ich feierte fröhlich mit, so als ob ich selbst zu der Klasse gehört und dort meinen Abschluss absolviert hätte.

Im Anschluss daran besuchte ich noch eine Tante von mir, die in Connecticut lebte. Tante Parthena, genannt Anna, war die Frau meines verstorbenen Onkels (ein Bruder meines Vaters). Ihre Wurzeln waren griechisch, worauf sie immer besonders stolz war. Ich feierte mit Tante Anna mein erstes amerikanisches Halloween-Fest und war begeistert, wie liebevoll und kreativ die Dekorationen dort sind.

Ich war begierig darauf zu erfahren, was aus dem El-Masry-Clan in der USA geworden ist und wollte auch Kontakt zu der zweiten Generation der Familie bekommen. Tante Anna war genau die richtige Person dafür, da sie mir viel von meiner Familie erzählen konnte. Sie hatte nämlich guten Kontakt zu den Brüdern meines Vaters, ebenso zu deren Kinder. 1997 war Tante Anna mit meinem Onkel bei mir in Alzey zu Besuch und ich habe sie auf Anhieb gemocht, daher ist es klar, wie sehr ich mich über ein Treffen mit ihr freute.

Eigentlich wollte ich noch nach New York eine weitere Tante besuchen, aber mir fehlte die Kraft. Ich hatte eine so phantastische Reise mit vielen Eindrücken und konnte schlichtweg nicht mehr.

Und nach dem Wahnsinns - Tripp nach Hause, wollte ich auch erst einmal keine weitere Reise alleine mehr machen. Das hatte auch einen verständlichen Grund: Ich musste vom Flughafen Connecticut zum Flughafen nach Philadelphia kommen. Leider hatte ich mit dem Flug Verspätung, so dass mir gesagt wurde, dass ich den weiteren Flug nach Hause verpassen würde. Aber ich hatte ein unsagbares Glück, denn der Bus Richtung Flugzeug nach Frankfurt hatte länger gewartet und ich konnte mit. Es blieb kaum mehr Zeit bis zum Abflug. Ich sah beim Aussteigen einen kleinen Transportwagen, der sonst für Gäste mit Gehproblemen ist. Ich rannte hin und bat mit Tränen in den Augen: „Bitte fahren Sie mich schnell da hinten hin, vielleicht kann ich mein Flugzeug ja doch noch erreichen:" Die Fahrerin war reizend und trat sofort auf das Gaspedal, als ich bei ihr einstieg. Wie eine Wilde fuhr sie und schien Spaß dabei zu haben. Ich kam mir vor, wie in einem James Bond Film. „Give us the way, please! Out of the way!", schrie sie aus vollem Halse und hörte nicht mehr auf zu hupen. Ich musste mich festhalten, so schnell wie sie fuhr, aber ich war der Fahrerin mehr als dankbar. Die Tür des Flugzeugs war schon zu, als wir ankamen, und ich fing hemmungslos an zu weinen. Eine Stewardess hatte Mitleid. „OK, ich mache eine Ausnahme", seufzte sie und öffnete tatsächlich für mich die Tür.

Als ich endlich auf meinem Sitz saß, vielen riesige Steine von meinem Herzen, ich weinte vor Erleichterung und war völlig erledigt. Aber ich war auch stolz auf mich und meine Abenteuer. Ich konnte wieder einmal beweisen, dass ich alles alleine schaffe.

Leider mussten wir den Club nach 30 Jahren toller Erfahrungen 2020 aufgeben. Es war eine schöne Zeit. The „Friendship-Force" arbeitete in drei Stufen: Deutschland-Austausch, Europa-Austausch, internationaler Austausch – und ich hatte das Glück an etlichen Reisen teilnehmen zu können. Es gab dadurch unzählige Möglichkeiten, die verschiedensten Städte und Menschen kennenzulernen. Und dafür bin ich unendlich dankbar.

Friendship Force Austausch, West Virginia, USA to Alzey
1995

Friendship Force Austausch mit Nairobi, Kenia to Alzey
1998

122

17.Kontakt zum El-Masry-Clan

2015 flog ich mit meiner Tochter Nancy und ihrer jungen Familie nach Sarasota Florida, um dort Urlaub mit ihnen zu machen. Durch meine USA - Reise das Jahr davor, bekam ich Kontakt zu meiner Cousine und deren Familie. Ich kannte sie ja bisher noch gar nicht, aber wir schrieben uns und telefonierten ab und zu. Als meine amerikanische Familie hörte, dass wir kommen, verabredeten wir uns. Wir wollten alle einen gemeinsamen Tag mit den Kindern verbringen.

Wie staunte ich, als ich Julia das erste Mal sah, denn sie sah meiner Tochter Susi unheimlich ähnlich.

Ihr Mann Ken war in jungen Jahren ein guter Baseball-Spieler und ein gut aussehender, imponierender Mann. Er half am 11. September 2001 in New York bei den Anschlägen, da er in der Freiwilligen Feuerwehr dort war. Beide Beine wurden schwer verletzt, so dass er über ein halbes Jahr im Krankenhaus bleiben musste, um wieder gehen zu lernen. Danach konnte er leider nicht mehr weiter Baseballspielen. Doch anstatt zu jammern, sah er in diesem Unfall nur das Positive. Er bekam eine hohe Rente und wurde ein erfolgreicher Finanzmakler, der auch noch Sporttickets verkaufte.

Erstaunlich waren die beiden Kinder von Julia und Ken. Die Tochter Samantha war blond mit blauen, strahlenden Augen und der Sohn Jack war dunkelhaarig mit schwarzen Augen. Die beiden haben sehr schön mit meinen Enkeln Philipp und Jakob gespielt. Es war schön zu sehen, wie gut sich die Familie über so viele Generationen und kilometerweite Entfernung auf Anhieb verstand.

Mein österreichischer Schwiegersohn Christoph war ebenfalls fasziniert von meiner amerikanischer Familie.

Eigentlich hatte ich mir überlegt, meine Cousine und ihre Familie zum Essen einzuladen. Es gab in Sarasota ein sehr exquisites Fischrestaurant, dorthin wollte ich. Ken war sofort von der Idee begeistert, er kannte anscheinend das Restaurant. Allerdings waren wir neun Leute und hatten nicht reserviert. Ken ging hinein und gab sofort seine Visitenkarte ab. Ohne große Worte, befanden wir uns plötzlich an dem besten Tisch. Kaum saßen wir, sagte Ken: „Keiner braucht hier was zu sagen, ich kümmere mich ab jetzt um alles!"

Er organisierte uns einen Kellner, der den ganzen Abend über nur für unseren Tisch zuständig war. Der Kellner las uns jeden Wunsch von den Augen ab. So schnell, wie er ein leeres Glas Wasser wieder auffüllte, konnte man gar nicht gucken. Ken bestellte uns Cocktails und feine Vorspeisen. Wir wussten zwar nicht, was wir genau dort aßen, aber es war vorzüglich. Die Hauptspeisen und den Dessert suchte jeder selbst aus. Die Kinder amüsierten sich köstlich und stürzten sich nur so auf die Pommes, als wären das die besten Delikatessen.

Ich will nicht wissen, was Ken dieser Abend gekostet hat. Ich sagte ihm, dass ich mich gerne finanziell beteiligen wollte, aber das schlug er sofort aus.

Wir reden immer noch gerne von diesem wunderbaren Tag und sind auch noch im regen Kontakt. Ken sagte, dass wir in seinem Haus jederzeit einen Platz für uns bekommen werden.

Ich hatte das Glück noch weitere Verwandte in der USA treffen zu dürfen, nämlich meinen Neffen Joe mit seiner Frau Deena sowie den Töchtern Shirley und Nicole. Joe ist der Sohn meiner jüngeren Schwester Yolla.

Er wanderte vor längerer Zeit nach Clearwater aus, da die wirtschaftliche Lage in Ägypten nicht besonders gut war. In Florida gab es eine große, ägyptische Gemeinde mit eigenen Supermärkten. Joe arbeitete für eine Tankstellenkette im Computerbereich, seine Frau war in frühen Jahren bei „Macy's" angestellt. Nach ihrem Studium wechselte sie in die Wirtschaft. In der Bank bekam sie bessere Arbeitszeiten, so dass sie sich leichter um die beiden Töchter kümmern konnte.

Clearwater war nicht weit von Sarasota entfernt. Als Joe hörte, dass wir dort sind, kam er uns ebenfalls besuchen. Wir verbrachten einen herrlichen Tag zusammen. Wir gingen alle an den wunderbaren Strand. Christoph war so lieb und passte auf die Kinder auf. Die Kleinen spielten ausgelassen im Sand und gingen schwimmen.

Meine Tochter Nancy und ich genossen in dieser Zeit, uns mit Joe und Deena zu unterhalten. Es gab so viel zu erzählen und zu erfahren. Auch dieses Treffen war ein bedeutender Moment in meinem Leben.

18.Belohnung für das Ehrenamt

Meine ehrenamtliche Tätigkeiten bei den Partnerstädten und „The Friendship-Force", waren oft harte Arbeit, aber sie wurden mehr als großzügig belohnt. Ich wurde sehr oft auch privat eingeladen und konnte somit wunderbare Reisen und Urlaube erleben.

So viele Abenteuer und Glück, hätte ich mir in meinem Leben nicht erträumen können. Bis 2003 hatten mein Mann und ich sehr viel Spaß am Reisen und dem Kontakt zu unseren Freunden und den Partnerstädten. Tadros war immer gerne mit dabei und begrüßte sehr die Aufnahme der verschiedenen Gäste bei uns zu Hause. „So werden unsere Kinder kosmopolitisch erzogen. Das wird ihnen gut tun für ihr ganzes Leben!", freute er sich. Und er hatte Recht. Durch den Kontakt zu den Partnerstädten und „Friendship-Force" bekamen unsere Kinder die Möglichkeit, gut verschiedene Sprachen zu lernen, so dass sie sich schon sehr früh selbstständig unterhalten konnten. Die Kinder genossen, ebenso wie wir, die Freundschaft zu unseren Gästen. Ich bin stolz darauf, dass sie frei von Vorurteilen aufwachsen konnten.

Eine weitere schöne Belohnung für meine ehrenamtlichen Bemühungen waren die privaten Reisen, die für mich möglich wurden. So hatte Familie Le Moëlle einmal einen tollen Reiseplan gemacht, nachdem sie privat bei mir zu Besuch waren. Ich hatte viele private Gäste, das wussten sie. So waren auch Rozenn und Mirijam sowie Cyrielle mit ihrer Mutter Martina oft schon bei mir gewesen. Auch Richard und Marie-France Morusier waren meine Freunde.

126

Ich nahm den Vorschlag der Einladung von Familie Le Moëlle an und machte mich auf die Reise. Geplant war, dass ich in Frankreich die vier Familien besuchen solle, die ich hier beherbergt hatte. Ich flog mit Air France nach Paris und von dort aus zum nationalen Flughafen nach Rennes. Um zwischen den beiden Flügen zu wechseln, musste ich den Flughafenbus nehmen. Die Zeit war unsagbar knapp, ich war beladen, wie ein Packesel, denn ich hatte für alle ein paar Geschenke mitgenommen. Nassgeschwitzt und total erschöpft erreichte ich aber glücklicherweise gerade noch das Flugzeug und schwor mir: „Auf dem Rückflug mache ich das so nie wieder!"

Bei Familie Le Moëlle war es so schön, wie ich es erwartete hatte. Ich blieb drei Nächte bei ihnen, danach fuhren sie mich mit dem Auto zu Marie-France und Richard. Eigentlich wollten sie mich nur schnell absetzen, aber wir fünf unterhielten uns so schön, dass die Zeit wie im Fluge verging und wir noch gemeinsam zusammen aßen.

Nach ein paar Tagen wurde ich von Cyrielle abgeholt. Ich blieb eine Nacht bei ihr in Josselin. Cyrielles Eltern waren getrennt. Wir wurden vom Vater auf das Land in sein Haus eingeladen, um dort zu essen. Das war ein Erlebnis. Seine neue Ehefrau Christina hatte das Haus selbst wieder hergerichtet bzw. liebevoll renoviert, und wir haben über Gott und die Welt geredet. Diese Leute waren sehr gastfreundlich und liebenswürdig.

Am Tag darauf kam ich zu Cyrielles Mutter Martina. Sie wohnte in einer anderen Stadt, nämlich in Chapelle-Caro. Die beiden zeigten mir die schönsten Ecken der Betragne. Wir besichtigten tolle Plätze, Kirchen und hatten eine wunderbare Zeit. Ein Höhepunkt und toller Zufall war, dass wir zufällig zu einer Kirmes kamen. Dort tanzte eine Gruppe Franzosen gerade zu Western-

Musik einen Line-Dance. Martina liebt diese Art Musik, sprang spontan in die Gruppe hinein und tanzte ausgelassen mit. Das war herrlich.

Zum Abschluss trafen wir uns alle noch einmal in der „Crêperie de Josselin" am Kanal, wo es die besten Crêpes der Stadt gab.

Gastgeber und Gäste stellten sich zum Gruppenfoto im englischen Park des Mansion House Luton Hoo auf, das jetzt als Luxushotel genutzt wird.
Foto: privat

Harpenden

128

Ausstellung im Museum Alzey
Bürgermeister Knut Benkert mit mir
2000

19. Special events in my life- wichtige Momente, die mein Leben prägten

Es gab viele Höhen und wunderbare Abenteuer in meinem Leben, aber leider auch Schicksalsschläge. So begann eine schwere Zeit für mich, als mein geliebter Mann chronisch krank wurde. 1999 musste er eine Herzoperation durchführen lassen und kam danach an die Dialyse. Es hat ihn sehr schwer belastet und mitgenommen, seine Aktivitäten und Reisen derart heftig reduzieren zu müssen. Ich versuchte ihm so gut zu helfen, wie ich konnte.

2001 kam unsere Tochter Nancy aus Amerika zurück, wo sie zuvor für ein Jahr als Au-pair war. Sie zog nach Innsbruck, um dort Tourismus zu studieren, aber kam uns oft besuchen. Als sie 2003 fertig mit ihrem Studium war, kam sie in den Ferien zu mir und wir überlegten, zusammen in Urlaub zu fahren. Sie bot an, mich und Tadros zu unterstützen. Auf Fuerte Ventura waren mein Mann und ich schon einmal gewesen und er hatte dort die Dialyse sehr gut vertragen. Es war ein Wunsch von uns allen gemeinsam dorthin zu fliegen.

Als Tadros' Arzt davon erfuhr, wurde uns angeraten, nach Mainz in die Uni-Klinik zu fahren und das Herz untersuchen zu lassen, ob solch eine Reise gut machbar sei.

Tadros ging es eigentlich gesundheitlich gut. „Bucht nur, während ich hier bin. Wir fahren nächste Woche", freute er sich. Nancy und ich gingen gleich ins Reisebüro und begannen mit der genaueren Planung für den Urlaub. Als wir aber in die Klinik zurückkamen, erfuhr ich, dass das Herz meines Mannes zu schwach sei. Ein Flug wäre nicht mehr machbar. Im Arztbericht stand, dass Tadros wieder am Herzen operiert werden müsse.

Wir waren so unsagbar traurig. Aber wir gaben nicht auf, hofften das Beste und stimmten der OP zu. Es lief nach Angaben der Klinik alles gut und ich sollte nach Hause fahren.

Mir wurde der Boden unter den Füßen weggerissen, als der Chefarzt mich anrief und mir sagte, dass ich sofort kommen müsse, wenn ich Tadros noch einmal sehen wolle. Das Herz blieb ihm immer wieder stehen. Ich rief Susi an und sie fuhr mich nach Mainz, es war die schlimmste Fahrt meines Lebens.

Mit Tadros´ Tod verlor ich meinen Halt und alles, was große Bedeutung für mich hatte. Ich war so voller Trauer. Als ich 2004 als Witwe das erste Mal nach Ägypten kam, sagte meine Familie mir: „Du musst dich zusammenreißen. Sei nicht so apathisch. Das Leben geht für dich und deine Kinder weiter. Du musst dich jetzt um sie kümmern!"

Ich fühlte mich so einsam und alleine. Ich war verzweifelt und überlegte, zurück nach Ägypten zu kehren. Aber ich konnte nicht weg von meinen Kindern. Sie waren mein Ein und Alles. Ich dachte an sie und ihre Zukunft und beschloss, dass ich ihnen helfen werde, durch das Leben zu gehen. Das gab mir neue Lebenskraft.

So durfte ich im selben Jahr die Eltern meines zukünftigen Schwiegersohnes Christoph in St. Jakob (Österreich) kennenlernen, wo ich auch die freudige Nachricht erfuhr, dass Nancy und er heiraten wollten.

Da auch meine andere Tochter Susi im Jahr 2005 Heiratspläne hatte, war dieses neue Jahr nach tiefer Trauer geprägt von Freude, Tanz und Musik.

Am 21. Mai 2005 heirate Nancy Christoph im Stadtweingut. Susi und ich waren den ganzen Morgen mit Dekorieren beschäftigt. Es kamen sehr viele Freunde des jungen Paares sowie viele

Familienmitglieder aus Österreich. Nach dem Kaffee im Anschluss an die Vermählung, bat mein Schwiegersohn mich um eine kleine, spontane Stadtführung für die Gäste. Das machte ich doch gerne. Ich erzählte witzige Anekdoten aus der Stadt und überbrückte so die Zeit bis zum Abendessen.

Wir feierten den ganzen Abend. Selbst Christoph, der eigentlich nie gerne tanzte, sagte am Ende lachend: „Ich kann nicht mehr. Ich habe getanzt, dass mir die Schuhsohlen rauchen!". Er hielt auch eine wundervolle Rede. Seine Mutter war total perplex und staunte, dass ihr Sohn vollkommen ausgewechselt sei.

Als „YMCA" gespielt wurde, gab es kein Halten mehr für uns, alle waren auf den Beinen und am Tanzen. Die Feier war um 2 Uhr nachts noch lange nicht fertig, als wir das Stadtweingut verlassen sollten. Die Gäste kamen spontan mit zu mir und es wurde auf dem Parkplatz weitergefeiert. Zum Glück waren die Nachbarn nicht böse. Am nächsten Tag gab es einen großen Ausflug mit den Besuchern aus Österreich zum Niederwalddenkmal, und abends kamen alle zum Resteessen zu mir.

Kurz darauf kam Susi zu mir und teilte mir mit: „Mama, wir wollen ganz im Zeichen der deutschen Tradition mit Polterabend und allem Pipapo heiraten." Und schon begann die Planung für die drei festlichen Tage. Die Hochzeit sollte im Juli sein und alle meine Geschwister waren glücklicherweise da.

Susi und ihr Mann Uli heirateten ebenfalls im Stadtweingut standesamtlich. Aber sie richteten ihr Fest privat bei sich zu Hause und im Garten aus.

Abends organisierte und finanzierte die Schwiegerfamilie Feldmann den Polterabend in Susis Garten mit gut 400 Gästen. Da war was los. Das Brautpaar hatte mächtig viel zu tun, die

Scherben aufzukehren. Aber sie wollten es so und waren glücklich. Es gab ein extra Zimmer nur für die großzügigen Geschenke.

Samstagmorgen hatten wir Frauen unseren Frisörtermin und Susi kam zu mir nach Hause, um sich bei mir ihr Brautkleid anzuziehen. Die feierliche und ergreifende Hochzeit war in der Weinheimer Kirche und wurde von Pfarrer Jörg gehalten.

Da die Feier mit gut 120 Gästen in der Nähe von Gau-Odernheim sein sollte, bildeten wir einen langen Autocorso und ich durfte endlich einmal meine Hupe benutzen. Und das habe ich bis zum letzten Moment voll ausgenutzt. Ich hatte so einen Spaß, laut hupend mit den anderen zu fahren. Ich habe das richtig genossen.

Die Freunde des jungen Brautpaares haben sich schöne Hochzeitsspiele einfallen lassen. Ein wunderbarer, romantischer Moment war, als wir die Luftballons mit Postkarten in den Himmel stiegen ließen. Eine Postkarte wurde sogar aus Frankreich wieder zurück geschickt. Während des Kaffeetrinkens wurden ergreifende Reden auf das Brautpaar gehalten und das schönste war eine „Mini Playback Show", die die Freunde extra vorführten. Besonders gerührt hatte mich, dass Susi und Uli zwei Paare als Ehrengäste im Sinne meines Mannes einluden, nämlich Professor Doktor Rainer Buß und seiner Frau Eta sowie Doktor Buchheim mit seiner Ehefrau.

Uli hatte sogar eine Band, die er zuvor auf dem Winzerfest hörte, für diesen besonderen Abend engagiert. Die Band war so hervorragend, dass es für Jung und Alt - einfach für jeden Geschmack- etwas gab. So gut das Buffet auch war, eigentlich wollten wir alle nur tanzen, tanzen, tanzen.

Es wurde auch hier ausgelassen gefeiert, und wie bei allen solchen schönen Events wurde ich nicht müde. Meine Geschwister waren ganz angetan, wie schön alles gelungen war.

Am Sonntag war ich dann bei Susi und wir bestaunten in Ruhe die ganzen Geschenke und verarbeiteten die tollen drei Tage.

Ein weiterer besonderer und schöner Tag in meinem Leben war auch mein 70. Geburtstag. Durch Tadros' Tod hatte ich natürlich nicht meinen 60. Geburtstag gefeiert. „Wenn der Herrgott mir noch weitere zehn Jahre schenkt, dann werde ich ganz bestimmt groß feiern", plante ich fest ein.

Mit meinen guten Freundinnen, die mir mit Rat und Tat über die ganze Zeit hinweg zur Seite standen, fuhr ich im Februar nach Fuerte Ventura. Hannelore Seibel, Elke Germann und Erika Waldmann halfen mir meine Feier zum 70. Geburtstag zu planen:

Vormittags kamen der Bürgermeister und sehr viele Gäste. Zum Glück halfen meine Töchter beim Sektausschank und meine genannten Freundinnen unterstützten mich mit den Häppchen. Es war ein herrlicher Tag, sonnig und angenehm warm, und so blieben die Gäste und Freunde auch recht lange und ich genoss die Gespräche. Auf Pfälzer Art schmissen meine Töchter scherzend um 14 Uhr die Besucher hinaus, so dass ich mich etwas für mein Fest ausruhen konnte.

Um 17 Uhr ging es dann ins Kardinal-Volkshaus, wo meine Feier stattfinden sollte. Meine Töchter halfen mir ganz lieb beim Dekorieren und auch mit den Vorspeisen, die wir selbst gerichtet hatten. Das Essen bestellte ich bei einem guten Party-Service und damit wir auch Musik hatten, buchte ich die bekannte Alzeyer Band Saitenwind.

Wie immer konnte ich nicht den Mund halten und hielt eine Rede vor den gut 70 eingeladenen Gästen. „Jetzt bin ich also wirklich 70 Jahre alt. Ab jetzt kann ich euch immer alles drei Mal erzählen, denn jetzt werde ich bestimmt viel vergessen!", lachte ich. Es war meine Art, mich über mich und mein Alter lustig zu machen.

Meine Nachbarn hielten eine wundervolle Rede. Es gab sogar extra ein Lied für mich und über mein Leben und ich bekam sehr viel Lob und Anerkennung.

Ganz wichtig war mir auch, an meinem Ehrentag orientalischen Bauchtanz mit Annelie Bergold vorführen zu können. Es war aber alles andere als klar, ob das klappen würde, denn kurz zuvor musste ich in die Klinik wegen eines Bandscheibenvorfalls. Doch es hat alles tadellos geklappt. Ich war schmerzfrei und hatte riesengroße Freude am Tanzen.

Da sich meine Gäste fast ausschließlich auf unsere reichlichen Vorspeisen stürzten, blieb das Buffet nahezu unberührt. Daher bot ich kurzerhand an, dass am nächsten Tag beim Aufräumen jeder gerne mit Behältern kommen kann, um sich etwas von dem Essen zu holen.

Es wurde zwar nicht so viel gegessen, aber richtig gut getrunken. Ich hatte Wein und Sekt auf Kommission bestellt und der Winzer staunte nicht schlecht, als er die vielen leeren Flaschen abholte.

Es war ein hervorragender, phantastischer Abend, der viel Bedeutung für mich hatte. Es war die erste Feier ohne meinen Mann und so sehr ich ihn auch vermisste, war es wichtig für mich zu erkennen, dass ich es auch alleine schaffe.

Es gab ein Video und schöne Bilder von der Feier. Diese nahm ich bei meinem nächsten Flug nach Ägypten mit, um sie meinen Geschwistern zu zeigen.

Marlène, Yolla und ich
1999

20.Ein Leben voller Aktivitäten

Wie ich schon geschrieben habe, war ich in verschiedenen Vereinen und Clubs. Ich fand immer noch weitere Dinge, die zu erleben und entdecken waren.

1983 beschloss ich, dass wir etwas für unsere Gesundheit tun sollten und meldete uns beim Pfälzer Waldverein an.

Unsere erste Wanderung fand am 1. Advent statt und führte uns ins Vorholz. Die Wanderung mit der ganzen Familie lief nur alles andere als rund: Nancy war ja noch so klein und schaffte es nicht, die Strecke gehen. Daher musste Tadros sie fast den ganzen Weg über tragen. Ich hatte falsche Schuhe für solch eine Wanderung an und kann kaum beschreiben, wie weh mir die Füße taten. Die beiden großen Kinder kamen nur maulend mit, mit dem Versprechen, dass wir am Ende Essen gehen werden. Sie erhofften sich nach der Wanderung Schnitzel und Pommes frites.

Nach dem ersten Wanderversuch haben uns dann erst einmal ordentliche Schuhe und eine gute Ausrüstung besorgt. Nancy gaben wir bei den nächsten Wanderungen ab und als meine beiden anderen Kinder groß genug waren, blieben auch sie zu Hause.

Aber Tadros und ich genossen das Wandern im Verein. Wir bekamen neue Kontakte, lernten Deutschland zu Fuß kennen und taten auch etwas Gutes für unsere Gesundheit.

Zu den Highlights gehörten Wanderungen zum Baskenhaus, durch den Odenwald und natürlich die Reise nach Berlin 1998. Dort waren wir auf den Spuren von Theodor Fontane. In Berlin fühlte man förmlich wie die Teilung der Stadt den Menschen zugesetzt haben muss, und wie wichtig die Wiedervereinigung war. Das war sehr ergreifend für uns, und das, obwohl wir gebürtige Ägypter waren.

Ich bin dankbar für den Trost, den der Pfälzer Waldverein mir spendete, als ich nach Tadros' Tod alleine war. Ich war sonntags nicht mehr einsam, sondern bekam die Möglichkeit, im Kreise von lieben Leuten nach draußen zu gehen. Das half mir sehr bei meiner Trauerverarbeitung, denn ich wollte meinen Kindern nicht zur Last fallen. 2005 war ich dann noch einmal mit dem Verein in Berlin, dort lernte ich den Spreewald kennen. Das war auch etwas ganz Besonderes.

Es gab auch etliche Kurzreisen beim Pfälzer Waldverein. Gerade an den Abenden war es schön in der Gemeinschaft, wir aßen zusammen, spielten Karten und luden immer auch den Busfahrer mit dazu ein.

Da es mir dort gefallen hatte, habe ich den Pfälzer Waldverein auch vielen meiner Studenten empfohlen, denn die Fahrten waren immer sehr gut und günstig.

Ein weiteres Hobby neben Reisen und Wandern war bei mir schon immer das Lesen. Ich wollte nicht nur etwas für den Körper tun, sondern auch für den Geist.

Aus Ägypten kannte ich Clubs für Sport, Kultur, Gemeinschaft. In den Clubs waren die oberen Zehntausend. Wir konnten durch die Mitgliedschaft in den Clubs auf Konzerte, trafen Mitschüler und konnten dort die verschiedensten Sportarten ausüben.

Eingeführt wurden die Clubs in Ägypten von den Engländern. In Alzey habe ich so etwas immer vermisst. Ich wollte mich mit Menschen austauschen, die dieselben Interessen hatten wie ich. Wie habe ich mich daher gefreut, als Hedda Marg und ihre amerikanische Freundin mich 1990 zu ihrem Buchclub einluden. Wir

138

lasen nur englische Lektüre. Pro Monat gab es einen Bestseller. Wir trafen uns danach bei einem Mitglied im Wohnzimmer und besprachen den Text dann komplett in Englisch.

Nach zehn Jahren gab Hedda Marg den Vorsitz des Buchclubs auf, da sie in Amerika ein Haus erbte und dort eine Zeit lang leben wollte.

Pamela Thomann, Doris Metzger und Sheila Tuttas übernahmen von da an die Führung. Wir waren fünf Engländer, drei Amerikaner und fünf Deutsche Teilnehmer in unserem Buchclub.

Hervorragend waren die Fahrten nach Frankfurt zum Englischen Theater. Neben dem Buchclub kam auch gerne der Englisch-Stammtisch mit. Wir hatten ein Besucher- Abonnement, das uns ermöglichte, vier Mal im Jahr eine Theatervorstellung zu besuchen. Das war herrlich.

Als ich irgendwann zu dieser Zeit in Ägypten war, wollte sich mein Bruder über mich lustig machen und fragte: „Wieso wohnst du weiter freiwillig in so einem kleinen Loch, du kommst aus einer pulsierenden Großstadt. Was soll das?"

Ich lachte nur und antwortete: „Du hast ja wirklich keine Ahnung. Es ist unglaublich, was für Möglichkeiten wir hier im Umkreis von Alzey haben!"

Die Alzeyer Lage ist so gut. Man hat die Vorteile der Kleinstadt und kann jederzeit in verschiedene Regionen und dort das kulturelle Leben miterleben.

Eigentlich wollten wir 2020 unser 30-jähriges Jubiläum feiern, aber leider hat uns die Corona-Problematik einen Strich durch die Rechnung gemacht.

21. Engagement für die Senioren

Dadurch, dass ich als Kind zu Beginn eine Nonnenschule besuchte, wurde ich katholisch erzogen. Meine Eltern waren sehr liberal, was den Glauben anging. Wir stammen eigentlich von einer frommen, orthodoxen koptischen Familie- aber aktiv waren wir immer eher in der katholischen Kirche.

Als wir in Alzey sesshaft wurden, hatten wir einen Freund in Mainz, der sehr fromm koptisch-orthodox war. Er erzählte uns von der orthodoxen Kirche in Frankfurt und lud uns ein, mit zur Messe zu kommen. Wir fuhren eines sonntags dann mit dorthin. Es war sehr anstrengend, besonders für meinen Mann, der die Woche über hart arbeitete und wir kamen erst abends zurück. Nach der Messe saßen wir nämlich noch lange zusammen und aßen etwas in der Gemeinschaft. Nancy war noch nicht geboren, aber für meine anderen beiden Kinder war die Fahrt ebenfalls sehr anstrengend.

Als mein Onkel Karl aus England, der Pfarrer war, davon hörte, sagte er: „Was soll das denn? Kirche und Glaube beginnt dort, wo du bist. Was ist, wenn euch auf dem Weg etwas passiert? Sucht eine Kirche bei euch. Ihr braucht Bezug zu ihr, so dass eure Kinder dort regelmäßig ohne Probleme hinkönnen."

Seine Worte nahm ich mir sehr zu Herzen, ich schlug daher Tadros vor, dass wir die katholische Kirche in Alzey kennenlernen sollten. Nancy war in der Zwischenzeit geboren worden und es war uns klar, dass wir solche Fahrten nach Frankfurt nicht mehr schaffen würden. Zudem wurde Susi eingeschult und kam auf die St. Marien-Grundschule. Die Schule ist ja eine katholische Schule, daher war es für uns nur logisch, dass wir die katholische Kirchengemeinde kennenlernen wollten.

Wir fühlten uns sehr wohl dort und wurden gleich gut aufgenommen. Mir gefielen die angebotenen Aktivitäten und wir fragten den damaligen Pfarrer Sturm, ob wir denn auch zur Kommunion gehen dürfen. Er war ein sehr offener Mensch und er erlaubte es mit den Worten: „Wenn ihr getauft seid, dürft ihr natürlich alle zur Kommunion gehen." Pfarrer Sturm unterschied nicht zwischen den Konfessionen.

Wir waren schnell auch hier integriert und hatten sofort guten Kontakt zur Kirche, dem Pfarrer und den Gemeindemitgliedern. Eines Tages wurde ich gefragt, ob ich vielleicht bei den Seniorennachmittagen helfen könnte. Wir waren ein Team von sechs Frauen und kreierten ein tolles Programm für die Senioren in der Gemeinde. Wir backten Kuchen und bereiteten Canapés vor und richteten die Nachmittage passend zu den Jahreszeiten und Events ein. So gab es spezielle Karnevalmittage oder ein gemütliches Weihnachtstreffen. Auch am Muttertag ließen wir uns gerne etwas für die älteren Besucher einfallen.

Es war eine bereichernde Zeit für uns und für die Senioren. Wir nahmen uns die Zeit, ihnen zuzuhören und schenkten ihnen Aufmerksamkeit.

Ich liebte es, die Weihnachtsdekoration auszurichten und das Backen. Wir machten den Gästen gerne kleine Geschenke, holten ihnen Blumen, trugen ihnen auch Gedichte vor und besonders beliebt waren die Witze. Alle Zuschüsse, die wir bekamen, gaben wir sofort an die Senioren weiter. Zudem spendeten wir auch Geld an die Krebsstation der Uniklinik in Mainz.

Ich liebte diese ehrenamtliche Tätigkeit sehr, es machte mir immer Spaß. Was man mit dem Herzen macht, ist mit Geld unbezahlbar. Die Dankbarkeit und strahlenden Augen der Senioren

141

waren das größte Geschenk. Bis 2013 war ich gerne bei den Seniorennachmittagen dabei.

22.Die vier Reisen nach Ägypten

Bis zum Tod meiner Mutter 1986, war unser Urlaubsziel stets Ägypten. Wir waren immer wieder mit den Kindern dort, aber wir schafften es nie, ihnen die großen Sehenswürdigkeiten im Süden des Landes zu zeigen. Wir wollten zudem warten, bis sie auch wirklich alt genug waren für solch eine beeindruckende Reise.

1988 aber kam ja dann die Einladung, mit den Kindern in die USA zu reisen. Zu dieser Zeit wurden sie immer neugieriger. Sie fingen an zu fragen, wie es denn im Süden Ägyptens so sei. Und mir fiel wieder das National Geography Magazin ein, das Ägypten als das Urlaubsland Nummer eins lobte. Dieser Artikel hatte mich immer innerlich begleitet.

An meinem 50. Geburtstag kam ich auf die Idee, dass wir doch dort mit Bekannten feiern und in diesem Zug eine Führung zu den Sehenswürdigkeiten buchen könnten.

„Du kannst nicht kommen. Es gibt zu viele politische Auseinandersetzungen. Es kann Attentate geben. Kommt erst, wenn die Konflikte vorbei sind.", erklärte mir mein Bruder, als ich ihm meinen Plan mitteilte.

1996 wurde die politische Lage ruhiger und ich nahm zu einem alten Freund Kontakt auf, der in Ägypten ein Reisebüro führte. „Keine Sorge, ich mache euch einen super Familienpreis!", versprach er mir.

Und so war es auch: Meine Kinder nahmen jeweils noch einen Freund mit und wir waren acht Leute, die den gemeinsamen Urlaub planten.

„Macht doch Werbung in Alzey für die Reise. Wenn du 20 Leute zusammenbekommst, dann musst du nichts zahlen", schlug mein alter Bekannter, der Reiseleiter Mohsen El Guizawy, vor. Ich fand die Idee nicht schlecht und erwähnte in der Volkshochschule die Reise, und schon kurz darauf meldeten sich zwei Ehepaare an sowie noch zwei junge Paare im Alter meiner Kinder. Das war eine perfekte Kombination. Die Jugend liebte das Feiern, Tanzen und Lachen und steckte uns mit ihrer unbekümmerten Leichtigkeit an.

Wir sind also mit 20 Leuten von Frankfurt aus nach Kairo geflogen. Wir wurden wie VIPs behandelt, kamen ohne Probleme gleich am Zoll vorbei, das Visum war schon vorbereitet und wir wurden sofort in ein fünf Sterne Hotel gebracht. Die Zimmer waren wunderbar. Die jungen Leute fanden auf Anhieb die Diskothek des Hotels und gingen gleich feiern. Ich dachte mir: „Ich schaue lieber kurz, was da so los ist." Und dann bin ich bis 3 Uhr morgens dort quasi steckengeblieben, so schön war das Tanzen. Am nächsten Tag ging es mit der Besichtigung der Pyramiden los, aber wir alle waren noch hundemüde von der Feierei. Wir blieben insgesamt drei Tage in Kairo.

Ein besonderes Highlight war der Dinner-Abend bei meinem Bruder. Wir waren über 40 Leute, denn er lud zu den Mitreisenden auch noch die Familie ein. Es gab Bauchtanz und fabelhaftes Essen. Ich wurde nach dem Abend immer wieder gefragt: „Wieso hast du nur dein altes Leben hier aufgeben? Deine Familie und Ägypten sind phantastisch." Sie sahen natürlich nicht, dass das Leben in Ägypten alles andere als einfach ist, wenn man dort nicht nur Urlaub macht.

Nach den drei Tagen in Kairo nahmen wir sieben Tage an einer Nilkreuzfahrt teil. Die Fahrt auf dem Nil war auf einem fünf

Sterne Luxusdampfer und sehr gemütlich. Wir fuhren nur mit 20 km/h, so dass niemand von uns seekrank wurde. In Luxor sahen wir viele Sehenswürdigkeiten, dann waren wir in Assuan und später am Tempel von Abu Simbel. Um nach Abu Simbel zu kommen fuhren wir um 4 Uhr morgens mit dem Bus durch die Wüste. Wir mussten vor 9 Uhr dort ankommen, da es sonst zu heiß wurde. Auf diesem Weg hatten wir jedoch das Glück eine echte Fata Morgana zu sehen.

Von Kairo aus flogen wir wieder nach Deutschland, wo ich auch lange Zeit danach noch viel Lob für diese Reise bekam. Schon am Abreisetag wurden wir wieder gefragt, wann wir denn das nächste Mal nach Ägypten reisen werden. „Einmal Kairo reicht einfach nicht!", sagten sie mir geschlossen.

Nach diesem vollen Erfolg stand unser Telefon kaum mehr still, denn immer wieder kamen Anfragen, ob wir wieder eine Reise planen könnten. „Für uns bietest du nichts an? Das kannst du doch nicht machen!", erklärten mir einige Bekannte empört.

So kam es, dass wir im Oktober 1997 die zweite Reise organisierten. Wir fuhren dieses Mal wieder drei Tage nach Kairo und besuchten auch hier meinen Bruder. Danach verbrachten wir sieben Nächte auf dem Schiff und fuhren dann noch für vier Nächte nach Hurghada ans Rote Meer. In den Jahren 2000 und 2002 fanden dann die anderen Fahrten in meine ehemalige Heimat statt.

Wir alle genossen diese wunderbare Zeit sehr. Die Mitreisenden haben kaum mehr geschlafen, weil sie nichts verpassen wollten. Wir waren immer eine tolle, lustige Truppe.

Wir haben ganz viele Fotos gemacht und einige Mitreisende hatten Tränen in den Augen vor Ergriffenheit, als wir vor den Pyramiden standen. Der Süden Ägyptens hält unzählige

Sehenswürdigkeiten bereit. Wir besuchten zudem das Museum und den Basar sowie die Zitadelle in Kairo, und genossen stets ein schmackhaftes reichliches Mittagsessen am Nilufer.

Am Schluss dieser vielen Besichtigungen erholten wir uns in Hurghada am Roten Meer.

Die Abende auf dem Schiff waren ebenfalls immer herrlich, und wir ließen es uns nach den anstrengenden Tagen gut gehen. Ich wusste von der ersten Fahrt, dass der Schnaps allerdings dort nicht so gut oder sehr teuer ist und riet daher vor Abreise „Jeder von euch bringt etwas zu trinken mit. Das ist gut für euren Magen!"

Ich hatte eine große goldene Tasche dabei und schmuggelte darin immer abends eine Flasche Schnaps und Cognac mit. Sie wurde das Symbol für unsere heiteren Zusammenkünfte. Das war so lustig. Die Tasche ging von Zimmer zu Zimmer, und wir hatten großen Spaß.

Als Dank für die gelungene Zeit, bekam ich ein goldenes Portemonnaie sowie Weihnachtsschmuck mit dem Abbild von Tut-Anch-Amun.

Die Reise 2000 war leider ohne meinen Mann, der aus gesundheitlichen Gründen nicht mehr mitkonnte. Ich hatte der Reisegruppe schon eine Fahrt versprochen und mein Mann bestand darauf, dass ich ohne ihn fliegen sollte. Sein Bruder kam während dieser Zeit nach Alzey zu Besuch, so dass Tadros nicht alleine war. Dieses Mal waren wir 38 Leute, etliche Leute davon waren Friendship-Force- Mitglieder. Obwohl wir so eine große Gruppe waren, lud mein Bruder uns trotzdem wieder ein.

Die letzte Reise war dann im Oktober 2002, dieses Mal mit dem Euro als Währung. Mein Bruder hatte eine Importfirma mit italienischen Produkten, die er in Ägypten verkaufte. Daher freute er sich über die Euros und wechselte zu guten Konditionen in die ägyptische Währung. Wir waren über 40 Leute. Susi kam mit ihrem Verlobten mit, ebenso Nancy mit ihrer guten Freundin Caroline. Anstelle, dass wir zu meinem Bruder gingen, wurden wir bei dieser Reise auf die ägyptische Hochzeit meiner Nichte in die Kirche eingeladen. Es war wieder einmal eine traumhafte Reise.

Nur in Luxor gab es einen Zwischenfall: Eine Dame, die mit ihrem Sohn mitreiste, sagte mir eines Abends in Luxor, dass sie nur noch schlecht Luft bekam und zu einem Arzt wolle. Ein Glück, dass es dort ein Krankenhaus mit einem deutschsprachigen Arzt gab. Sie musste dort bleiben, weil sie viel Wasser in der Lunge hatte. Ihr Sohn durfte bei ihr im Krankenhaus bleiben und sie wurde gut betreut. In Luxor gab es zum Glück eine deutsche Gemeinde mit einem deutschen Pfarrer. Durch den Krankenhausarzt, lernte dieser den Sohn kennen und kümmerte sich rührend um ihn, so dass er in Luxor ebenfalls ein paar Sehenswürdigkeiten zu Gesicht bekam.

Im Nachhinein war das viel Aufregung, aber es lief alles Gottseidank gut.

Die Führungen zu den Sehenswürdigkeiten waren alle phantastisch und ergreifend. Ich hoffe, dass ich auch nach sechs Besuchen noch einmal die Möglichkeit bekommen werde, dorthin zu fahren.

23.Die Überraschung mit der silbernen Ehrennadel

Dass ich die silberne Ehrennadel überreicht bekommen sollte, war eine riesige Überraschung für mich.

Ich war immer regelmäßig zum Neujahrsempfang eingeladen und auch stets gerne hingegangen. Ich repräsentierte dabei „The Friendship-Force-Rheinhessen".

Bei einem der Treffen ging ich zu Bürgermeister Burkhardt und fragte ihn spaßend: „Na, wann bin ich denn mal an der Reihe und werde ausgezeichnet? Wann bekomme ich wohl die silberne Ehrennadel?" Ich wollte ein wenig small-talk mit ihm führen.

„Wofür denn?", war seine erstaunte Reaktion.

„Für meine ehrenamtliche Arbeit unter anderem bei Friendship-Force", erklärte ich ihm.

„Wie lange sind Sie denn da tätig?", wollte er sogleich wissen.

„So gut sechs Jahre war ich Präsidentin und zehn Jahre lang bin ich schon Vizepräsidentin", sagte ich ihm. Er lachte und meinte, dass das jedoch noch zu wenig sei. „Sie sollten erst einmal 25 Jahre dort sein", meinte er. Ob ich das noch schaffen würde, bezweifelte ich allerdings.

Wir verabschiedeten uns belustigt und waren uns einig, noch ein paar Jahre zu warten.

Irgendwie schien sich Bürgermeister Burkhard gemerkt zu haben, dass ich ihn angesprochen hatte. Wir blieben in Kontakt und er bat mich öfter um Hilfe bei Besuchen ausländischer Gäste. So war ich zu einem feierlichen Abend mit Gästen des Rotary-Clubs aus Harpenden dabei, und es war mir eine große Freude beim Übersetzen zu helfen.

Gäste der Partnerstadt Josselin kamen 2007 nach Alzey zum Winzerfest. Ich habe wie immer ein paar gute Freunde bei mir aufgenommen und es gab einen tollen Artikel in der Zeitung über mich. Ich erntete viel Aufmerksamkeit dadurch. Später sind wir dann ins Stadtweingut gegangen- auch hier half ich bei sprachlichen Barriere.

Kurz darauf gab es wohl den Vorschlag von Volker Wagner, der ehemalige Kulturamtsdirektor der Stadt, an den Stadtrat und Bürgermeister, dass ich doch ausgezeichnet werden sollte.

Normalerweise bekommt man die Ehrennadel immer beim Neujahrsempfang verliehen, aber bei mir ließ sich der Bürgermeister etwas Besonderes einfallen. Ich kann kaum beschreiben, wie überrascht ich war.

Wie immer mittwochs kam meine Enkelin Marie zu mir zum O-matag. Meine Schwester Marlene war ebenfalls zufällig da.

Ich ging mit den beiden, nichts wissend, auf den Empfang der Gäste aus der Partnerstadt Harpenden. Ich war immer bei den Empfängen anwesend, und so wurde meine Überraschung geschickt eingefädelt:

Als wir im Rathaus ankamen, waren viele Menschen für den Empfang anwesend. Meine kleine Enkelin klammerte sich ganz feste an mich, da die Menschenmenge sie nervös machte. Der Fotograf von der Allgemeinen Zeitung kam und erklärte mir, dass es dieses Mal beim Empfang einen besonderen Anlass gäbe. Ich war gespannt und bat meine Schwester, dass sie nach Marie schauen sollte. Denn ehe ich mich versah, war ich mitten in dem Trubel. Meine Enkelin fing an zu weinen, Marlene ging mit ihr hinaus, um sie zu beruhigen. Ich konnte mich kaum konzentrieren oder richtig den Moment genießen, da ich die Kleine immer noch hörte.

Da erschien Bürgermeister Burkhard, es wurden Fotos gemacht und dann verkündete der Bürgermeister plötzlich, dass ich hiermit mit der silbernen Ehrennadel geehrt werden würde. Ich fiel aus allen Wolken und war völlig ergriffen.

„Schade, dass mein Mann das nicht miterleben durfte. Wie kann man nur für so viel Spaß und Freude und schöne Momente auch noch eine Auszeichnung bekommen. Ich habe so viele liebe Menschen kennenlernen dürfen.", sagte ich voller Dankbarkeit.

Ich hatte einen Tipp bekommen, dass ich vielleicht irgendwann einmal tatsächlich die Ehrennadel überreicht bekommen sollte, aber wann wusste ich nicht. Ich dachte immer: „Falls ich wirklich geehrt werde, dann bestimmt auf dem Neujahrsempfang." Dass ich alleine diesen besonderen Moment geschenkt bekommen würde, das hätte ich nie gedacht.

Wir tranken in schöner Runde noch ein Gläschen Wein und ich bekam viele herzliche Gratulationen der Alzeyer und Harpenden Gäste.

Übergabe des Silbernen Ehrennadel durch den Bürgermeister
Christoph Burkhardt
2008

Schlusswort:

Ich erlebte unsagbar viele schöne Abenteuer in meinem Leben und habe viele Eindrücke gewonnen.

Ich bin schon immer ein großer Fan von Albert Einstein gewesen. Als ich in Berlin 2005 war, dem sogenannten Einstein-Jahr, standen viele Zitate an wichtigen Gebäuden in der Hauptstadt. Am Friedrichstadtpalast las ich: „Ich habe keine besondere Begabung, sondern bin nur leidenschaftlich neugierig." Das hat immer tiefen Eindruck bei mir hinterlassen. Denn es stimmt: Das Leben zeichnet sich durch Neugierde aus. Es enthält unsagbare Abenteuer versteckt. Man muss nur den Mut haben, sie zu begehen.

Ich habe gelernt, dass das Leben viel zu schnell vorbei ist. Es ist viel zu kurz, um all die phantastischen Abenteuer zu erleben, die es einem bietet. Jeder strebt nach einem langen Leben. Das Paradoxe aber daran ist, dass man oft das Gefühl hat, dass der Alltag zu langweilig oder schwer zu ertragen ist. Doch das ist falsch. Man muss die Zeit nutzen, die man hat und das ganze Leben, mit seinen Höhen und Tiefen, einfach nur dankbar auskosten.

Die 4 Besten Hochzeiten des 20. Jahrhunderts

Meine Hochzeit, Mai 1971

Hannelore und Detlef Seibel
Mai 1971

Yolla und Naguib
Juli 1979

Amani und Karim El Masry
Juni 1981